国学经典

鬼谷子全集

〔战国〕鬼谷子 著　东方慧子 等 编注

吉林出版集团股份有限公司

图书在版编目（CIP）数据

鬼谷子全集 /（战国）鬼谷子著；东方慧子等编注. — 长春：吉林出版集团股份有限公司，2011.7（2019.5重印）

ISBN 978-7-5463-5932-8

Ⅰ.①鬼… Ⅱ.①鬼… ②东… Ⅲ.①纵横家②鬼谷子–注释③鬼谷子–译文 Ⅳ.①B288

中国版本图书馆CIP数据核字（2011）第139246号

鬼谷子全集
GUI GU ZI QUAN JI

著　　者：（战国）鬼谷子
编　　注：东方慧子　等
责任编辑：矫黎晗
封面设计：末末美书
出　　版：吉林出版集团股份有限公司
发　　行：吉林出版集团社科图书有限公司
电　　话：0431-81629725
印　　刷：北京德富泰印务有限公司
开　　本：880mm×1230mm　　1/32
字　　数：128千字
印　　张：8
版　　次：2011年7月第1版
印　　次：2019年5月第2次印刷
书　　号：ISBN 978-7-5463-5932-8
定　　价：35.00元

如发现印装质量问题，影响阅读，请与印刷厂联系调换。022-58708299

前　言

　　鬼谷子，原名王诩，又名王禅，春秋时卫国朝歌人，著名的思想家、谋略家，是纵横家的鼻祖，是中国历史上一位极具传奇色彩的人物。

　　而《鬼谷子》一书则是其后学者根据他的言论整理成的，被完整地保存在道家的经典《道藏》中，内容十分丰富，涉及了政治、军事、外交等领域。鬼谷子声名远扬，一方面是由于其本身的智慧，另一方面就要归功于他的弟子，苏秦和张仪是其中最具有代表性的人物。

　　战国时期，群雄并起，逐鹿中原，中原大地硝烟不断，人才辈出，苏秦和张仪正是其中最出色的人物。苏秦，战国时期的纵横家，师从鬼谷子，游说六国，促成了六国之间的联盟，因此，苏秦佩六国相印，风头一时无两。而张仪，战国时期的政治家、外交家和谋略家，成为秦国的首位丞相，为秦灭六国打下了基础。

　　到了今日，尽管鬼谷子、苏秦、张仪等一些风流人物早已烟消云散，但是好在鬼谷子既论且述，我们才得以在他的作品中瞻仰前人的风采，学习前人的智慧。

　　《鬼谷子》一书，共包含十五篇，分为捭阖、反应、内揵、抵巇、飞钳、忤合、揣、摩、权、谋、决、符言、本经阴符七术、持枢、中经。每篇中又分为若干小节，分别阐述不同的谋略之道。

　　“捭阖”是《鬼谷子》的第一篇。捭阖本是就开关门户而言：捭指开启，阖指闭藏，两者是对门户施加的一组相互对立的动作。在鬼谷子的思想体系中，“捭阖”是一对极为重要的哲学概念，既是万事万物发展变化的规律，也是纵横家进行游说活动的根本方法。

"反应"阐释了一种回环反复的思考方法。这种方法能使人更接近事物的客体，获得真知灼见。此法的关键，在于掌握"反"的诀窍。反观历史，才能更好地了解今天；反观自己，才能更好地了解他人。运用"反"的方法，前提是自己要"静"，要冷静地观察和分析对方。

所谓"内捷"，指人的内心清静自守，不为外物所困的一种状态。本篇论述在内捷的前提下，人与人之间（尤其是上下级之间）维持正常关系的目标与原则。"内捷"之法，要求人臣善于揣摩君主的心思，与其维持一种进退自如的关系。"内捷"的核心是一个"情"字。以"情"为中心，以"德"为辅，以"谋"为变通之法，这是鬼谷子的主导思想。在现代的人际关系中，亦可借鉴内捷之法，创造出一种和谐的工作环境。

抵巇一篇中所说的"巇"，本意为缝隙，可引申为矛盾、漏洞，或者困扰人们的问题。鬼谷子认为，"物有自然，事有合离"，在事物"合离"运动的过程中，不可避免有"巇"的存在。在"巇"的萌芽时期，能预测到它的发展，及时铲除恶的种子，这就是"抵巇"。可见，抵巇之道的核心，就是能够审时度势，抓住时机，使矛盾迎刃而解。

所谓"飞钳"，其意犹如"捭阖"，不过这里侧重于笼络人才的意思。"飞"者，指使人敞开心扉自由言论的方法；"钳"者，本意指夹住，引申为"控制"，指使人不能自由活动的方法。也就是说，飞钳之术是一种引人之术、服人之术、用人之术。

忤合，本意指违背一方的意愿，而合于另一方的意愿。"忤合"的实质是"以忤求合"，指在处事、论辩或游说中，要准确判定形势，灵活决定自己的立场，以求实现自己的目标。

"揣"即揣度，指的是忖度人情、事理，权衡事物的利弊、得失，从中发现隐藏的真相。鬼谷子认为，要施大政于天下，必须善于"量天下之权，而揣诸侯之情"，即要全面衡量一个国家的国情，据以决定自己的施政方案。

"摩"篇是"揣"篇的姊妹篇。摩，本意为揉擦，这里指通过言论刺激对方，以获知其真实的意图。因此，摩可视为揣的一种具体运用。

"权"者，是度量权衡的意思，这是游说活动的根本方法之一。号称"纵横之祖"的鬼谷子，对于"权"术有着独到的见解。在本篇中，他全面阐释了"权"术的原则和方法。鬼谷子认为，对游说对象的度量乃是游说之本。

"谋"篇是"权"篇的姊妹篇。"权"是"权衡"；"谋"是"计谋"。显然，"谋"应建立在"揣""摩""权"的基础之上，故置于三者之后。本篇集中讨论了计谋在游说中的作用及具体运用。

这里的"决"，指的是决疑，决断，决策。"谋"能取得什么效果，都要由"决"来决定，因此将决篇置于谋篇之后。"决"的形式，或是对疑点进行分析，或是对利弊进行权衡，或是对方案进行取舍，其目的都是为了廓清思路，以开展下一步的行动。

符，本指我国古代朝廷调兵遣将所用的特殊凭证，具有很高的权威。这里的"符言"，可引申为执政者（或身居要位的人）治理国家必须奉行的准则。这些准则共有九条：一是位，即遵循安详、从容等原则；二是明，即对事物做充分的考察；三是听，即充分听取别人的意见；四是赏，即赏罚要讲求信用和公正；五是问，即要多方询问以免偏听偏信；六是因，即遵循天理和人情；七是周，即要周到细密；八是参，即要借助参照物以洞察幽微；九是名，即要做到名实相符。这些准则也可为现代管理者所遵循和借鉴。

《本经七篇》的前三篇是盛神，养志、实意。主要是讲修身养性，是鬼谷子养生学说的原典。

"持枢"中特别强调决策必须遵循的客观规律，倒行逆施，违反客观规律的，即使成功一时，也终究必败，决策的中心就是掌握行动的枢纽、关键，控制事物的规律。决策要对形势、时局、环境等进行科学的分析。

"中经"中论述了权变的要旨：本篇中鬼谷子指出"见形为容，象体为貌"，是因人而变化的人的行为，可以影响形容和相貌。

　　本书中不仅对上述提到的各篇文章做出了详细的解释和解读，而且在每篇文章后都举了相关的例子，使读者能够更加透彻地体会到鬼谷子的智慧。希望读者们在现代社会也能够巧妙地运用鬼谷子的智慧，从而有所收获。

目　录

第一篇 捭阖①第一

【题解】

"捭阖"是《鬼谷子》的第一篇。捭阖本是就开关门户而言：捭指开启，阖指闭藏，两者是对门户施加的一组相互对立的动作。在鬼谷子的思想体系中，"捭阖"是一对极为重要的哲学概念，既是万事万物发展变化的规律，也是纵横家进行游说活动的根本方法。鬼谷子总结出的捭阖之道旨在告诉人们：何时应敞开心扉，直言陈辞；何时应冷静观察，沉默不语。通过捭与阖的密切配合，不难洞悉对方的虚实真相，从而达到知人、御人的目的。

粤若稽古②，圣人之在天地间也，为众生之先。观阴阳③之开阖以名命④物，知存亡之门户，筹策万类⑤之终始，达人心之理，见变化之朕⑥焉，而守司⑦其门户。故圣人之在天下也，自古至今，其道一也。变化无穷，各有所归，或阴或阳，或柔或刚，或开或闭，

或弛或张。是故圣人一守司其门户，审察其所先后，度权量能，校其伎巧短长。

【注释】

①捭阖：捭，分开、撕裂。在这里指纵横驰骋，大开大合。

②粤若稽古：粤语首助词；若，顺；稽，考。粤若稽古，在这里指顺考古道。

③阴阳：阴，本意为山的背阴面；阳，本意为山的朝阳面。

被引申来概括对立统一的两类事物或现象。

④命：辨别。

⑤万类：就是万物。

⑥朕：指征兆，迹象。

⑦守司：看守、管理。

【译文】

纵观古代历史，可以看出圣人生活在世间，就是要成为大众的先导。他们通过观察事物的对立统一变化，来辨别事物的发展，并进一步了解事物生存和死亡的途径。预测事物的发展过程，精通普通人的思维变化，善于把握事物变化的征兆，从而掌握事物发展变化的关键。

所以，从古至今，凡生于世间的圣人，均奉守大自然的变化规律。事物是变化无穷的，但是都有各自的归宿。或者属阴，或者归阳；或者柔弱，或者刚强；或者开放，或者封闭；或者松弛，或者紧张。所以，圣人要从始至终掌握了解事物的发展变化规律，揣度对方的智谋，测量对方的能力，再比较技巧方面的长处和短处，做出正确的决策。

【鬼谷智囊】

从鬼谷子的观点看来，圣人之所以为圣人，究其根本就是要"守司其门户"。用现代人的理解就是，顺应时代发展的潮流，遵循天下兴亡之道。由此可见，"兴亡之道"古今皆同。在鬼谷子的整个思想体系中，是以"兴亡之道"作为出发点和终结点的。然而，身为"谋略之祖"，他在其中加入了大量"制胜之术"的内容。在后文中，我们就将详细了解鬼谷子的这些制胜之术。

治理天下如治马群

黄帝一次外出到具茨山去拜见大隗，来到襄城的旷野，迷失了方向，巧遇一位牧马的少年，就问他："你知道具茨山吗？"牧马少年不假思索地回答道："知道。"

黄帝又问："那你知道大隗住在哪里吗？"牧马少年点了点头。

黄帝说："那你真是奇人，真是了不起！小小年纪，不仅知道具茨山的位置，而且知道大隗居住的地方，那么，请问你知道治理天下的方法吗？"

少年说："那治理天下的人，也不过如此而已。又何须多问呢？我小时候曾游览天下，碰巧生了头眼眩晕的病，有位长者教导我说：'你不应该因为眼睛有疾病就妄自菲薄，而应随着时光的流逝去襄城的旷野里游玩。'现在我的病已经痊愈，我又要去更远的地方游览。治理天下也应该是这样。我又何须去多事啊！"

黄帝说："治理天下，固然不是你操心的事。虽然如此，我还是要向你请教怎样治理天下。"

少年勉为其难地回答道："我想，治理天下，和牧马也没有什么不同的地方，只不过是除去害群之马罢了！"

黄帝听完后如获至宝，行了大礼，口称"天师"而退去。

牧马少年所说的道理，三岁孩童都知道，然而"知易行难"。普通人对于生活中经常发生的事总是抱着一种麻木的态度。

夫贤不肖、智愚、勇怯有差，乃可捭，乃可阖；乃可进，乃可退；乃可贱，乃可贵，无为以牧①之。审定有无与其实^②虚，随其嗜欲以见其志意。微排其所言而捭反之，以求其实，贵得其指^③；阖而捭之^④，以求其利。或开而示之，或阖而闭之。开而示之者，同其情也；阖而闭之者，异其诚也。可与不可，审明其计谋，以原其同异。离合^⑤有守^⑥，先从其志。

【注释】

①以牧：用来掌握。

②实：指实情。

③指：意同宗旨。

④阖而捭之：先封闭，然后再打开。

⑤离合：离，离开，不一致。合，闭合，合拢，与"开"相对。

⑥守：遵守，信守。

【译文】

人难免会有贤良和不肖、聪明和愚蠢、勇敢和怯懦的分别。对待不同的人，要采取不同的对策：或开放或封闭；或提升或辞退，或轻视或敬重，都要顺乎自然地加以驾驭。审察对方有什么，缺什么，以了解其虚实；通过分析他的嗜好和欲望，以摸清其意愿；适当排贬对方的言论，捭开其中的矛盾，加以诘难，以便探察实情。采纳和质疑对方的言论以便抓住有利时机，让对方先封闭而后开放，使对方一步步袒露心灵，最终达到我的目的。

本句承上句，是说知人之后，我有两种选择：或敞开心扉直言，或关闭心扉沉默。与对方情感一致，则敞开心扉，与对方心意不同，则关闭心扉。至于敞开心扉与否，取决于是否研究清楚对方的计谋，了解对方与我在本质问题上的差异。无论选择哪一种，都必须有主见，并区别对待，也要注意跟踪对方的思想活动。

【鬼谷智囊】

在上一段概括地阐述了"兴亡之道"后，鬼谷子开始提及"变化无穷，各有所归"的手段，我们也由此感受到鬼谷子思想的精髓。鬼谷子教导我们说，在掌握兴亡之道的基础上，我们应树立正确的目标，充分认清自己的能力，采取灵活多变的处世之道。

在现实生活中，同一件事不一定适合不同的人。因此，对于不同的人，应该采取不同的对策。聪明人善于根据别人不同的特性，采取完全不同的对待方法。

树上没有两片完全相同的树叶，世界上也不可能存在两个完全相同的人。据此，鬼谷子认为，我们就要学会见什么人说什么话。能做到这点就需要全面的了解别人，只有全面而深刻地了解别人，才能"无为以牧之"，更好地实现"求其利"的目标。

孔子求马

孔子经常带着他的弟子到处讲学。一天，他们来到一个新的村庄，这里一派农家乐的气象。正当大家都坐在一片树荫下休息时，孔子的马挣脱了缰绳，跑到了庄稼地里，踩着了庄稼，还啃食农夫的麦苗。在附近看守土地的农夫急忙上前抓住马嚼子，将马扣下了。孔子的学生见状都想要帮助孔子拿回马。

孔子当时最得意的学生之一子贡自告奋勇地上前，他觉得自己口才不凡，凭着三寸不烂之舌，一定可以说服那个农夫，争取他的原谅，拿回马匹。子贡首先向农夫表明了他们的身份，又讲他们一行来这个村庄的目的，然后向他解释为什么马会跑过去吃他的麦苗。不料，任他费尽口舌，讲了不知道多少大道理，农夫就是不肯归还马匹。最后，子贡只得放弃了继续谈判的想法，垂头丧气地回来。

这时有一位学识和才干都远远不如子贡的新学生站了起来。他刚刚随孔子不久。见子贡没有完成交涉任务时，他也请求前去一试。孔子应允了。只见这位新学生笑盈盈地走到农夫面前，问农夫今年的收成怎么样，什么作物长得好，还请教了收成、劳作中的一些问题，表现得十分谦虚，农夫对他的敌意慢慢消除了。这个学生见时机合适，才非常诚心地向农夫道歉，说自己和同学没有好好看管好老师的马，并且表示，大家可以赔偿他的损失。农夫很爽快地原谅了他，前且把马还给了他，也没有要求赔偿。

子贡才高八斗、满腹经纶，然而田间老农如何能理解那些大道理呢？对什么样的人，就该讲什么样的话。

即欲捭之贵周①，即欲阖之贵密。周密之贵微，而与道②相追。捭之者，料其情也；阖之者，结其诚也。皆见其权衡轻重，乃为之度数③。圣人因而为之虑，其不中权衡度数，圣人因而自为之虑。故捭者，或捭而出④之，或捭而内⑤之；阖者，或阖而取之，或阖而去之。捭阖者，天地之道。捭阖者，以变动阴阳，四时开闭⑥，以化万物。纵横⑦反出，反覆、反忤，必由此矣。

【注释】

①周：不遗漏。

②道：道理、规律。这里指与规律相近的道理。

③为之度数：测量重量与长度的数值。

④出：出去。

⑤内：收容、接纳。

⑥闭：结束。

⑦纵横：自由自在地变化。

【译文】

如果要开放，最要紧的是考虑的没有遗漏；如果要封闭，最要紧的是能严守机密。要达到周密，最难能可贵的是做得微妙，合乎事物发展的规律和道理。让对方开放，是为了考察他的真情；让对方封闭，是为了坚定他的诚心。这些都是为了彻底摸清对方的底细，以便探测其各方面的程度和数量。若据此足以做出分析和预测，圣人会因此而用心思索。若分析和预测的结果不理想，圣人就会想办法另行谋划。

因此，所谓开放，有的是要自己出去；有的是让别人进来。所谓封闭，有的是通过封闭来自我约束；有的是通过封闭使别人被迫离开。开放和封闭是世界上各种事物发展变化的规律。开放和封闭，都是通过运动来使事物内部对立的各方面发生变化，通过一年四季的交替使万物发展变化。不论是变化，还是离开、反复、反抗，都必须通过捭阖来实现。

【鬼谷智囊】

鬼谷子的捭阖之术，归根结底，是要琢磨对方，然后再想对策。这也是达到趋利避害的有效途径。对自己有利就要开放，对自己不利就要封闭。"捭阖"原指门的开开关关，这个很贴切。门不但有供人进出的作用，还能把粮食、家具等有用的东西关在屋里，而把风雨、噪声等有害的东西关在屋外。同样，人们心中也应该有一扇这样的门，知道应该把什么关在门内，什么关在门外。

鬼谷子强调应用捭阖之术要确保周详缜密，攻守兼备。若捭阖得不好，反而会让自己门户大开，一败涂地。其术最关键之处，在于应"闭"时确保能自守门户，韬光养晦，渡过难关，从而占据先机，一役而胜。在历史进程中，凡能建功立业者，无不深谙此道。

总而言之，鬼谷子的捭阖之术无非两种：一是将于我有利者关于内；二是将于我有害者关于外。能做到这两点的人，还怕得不到自己想要的东西吗？

晏婴巧让贤名于君王

春秋时代齐国大臣晏婴善于出谋划策，是著名的政治家，贤能的大臣。史书中关于晏婴出色表现的记载很多。

《左传》中，记载了这样的故事：晏婴经常劝齐景公要与民休息，但齐景公却总是役使人民。有一次，齐景公为了自己享乐，强行召集大批民工造大台，一时间齐国民不聊生，百姓因为沉重的劳动而苦不堪言。

晏婴从外国出使回来，目睹了这一情景，就马上进言齐景公，让他爱惜人民，不要造台。他费尽口舌，齐景公总算同意了。不过这时，晏婴不是急于回家，而是立即赶到修建高台的工地，催促民工抓紧干活，稍有懈怠，就非打即骂。齐景公的传令官到了之后，晏婴这才离开工地，齐景公的传令官下令民工们停止施工，让他们解散。民工一听可以回去和家人团聚了，齐声欢呼，全都高高兴兴地赶回家去了。

晏婴的做法，让君王在百姓心中拥有"贤名"，而把"恶名"留给自己。孔子对他的行为非常赞赏，说他既纠正了君王的过失，又使百姓感受到了君王的仁义。

短时间看，对他是有害的，可是长时间来看，对他是有利的，他把恶名留给自己，把美名留给君王，既表示了忠心，又维护了百姓。

捭阖者，道之大化①，说之变②也。必豫审其变化，吉凶大命系焉。口者，心之门户也；心者，神之主也。志意、喜欲、思虑、智谋，皆由门户出入。故关之捭阖，制之以出入。捭之者，开也，言也，阳也；阖之者，闭也，默也，阴也。阴阳其和，终始其义③。

故言长生、安乐、富贵、尊荣、显名、爱好、财利、得意、喜欲为"阳"，曰始。故言死亡、忧患、贫贱、苦辱、弃损、亡利、失意、有害、刑戮、诛罚，为"阴"，曰终。诸言④法阳之类者，皆曰始，言善以始其事；诸言法阴之类者，皆曰终，言恶以终其谋。

【注释】

①化：变化规律。

②变：变化形态。

③终始其义：指始终保持的义理，即善始善终。

④诸言：各种言论。

【译文】

开放和封闭是万物运行规律的一种体现，也是游说活动须遵循的一种策略。人们必须预先慎重地考察自己的言论可能引起的后果，这关系到当事人的吉凶命运。口是心灵的门面和窗户，心灵是精神的主宰。意志、情欲、思想和智谋都要由这个门窗出入。因此，用开放和封闭来把守这个关口，以控制出入。所谓"捭之"，就是开放、发言、公开；所谓"阖之"，就是封闭、缄默、隐匿。阴阳两方相谐调，开放与封闭才能有节度，紧扣说话的意图。才能善始善终。

所以说长生、安乐、富贵、尊荣、显名、爱好、财利、得意、喜欲等美好的、光明的事物，属于"阳"的一类事物，可以公开说，先说。而死亡、忧患、贫贱、苦辱、弃损、亡利、失意、有害、刑戮、诛罚等不吉之事，属于"阴"的一类事物，以私下说、后说为宜。凡遵循公开说吉利之事者，均可称为"始派"，他们以谈论好事来开始游说；凡遵循私下谈不吉之事者，均可称为"终派"，它们以谈论祸害来终止计谋。

【鬼谷智囊】

鬼谷子在此论述了说话的基本原则，说白了无非两点：好事要先说、公开说；坏事要后说、私下说。这样做的理由很简单，就是"人性"两字。谨言慎行对自己、对他人都是一种负责任的态度。反之，言辞不忍有百害而无一利。言多必失，话一出口，妄下结论，所造成的影响，再用几百句、几千句话也弥补不了。不注意言语的轻重对错，任性而为，往往会给自己带来无尽的烦恼，甚至带来生命或财产的损失。讲究说话的艺术，最重要的是能忍住不合时宜的率直之言。生活中很多矛盾起于不分场合的直言。因此，在对别人提出看法或意见的时候，要尽量采用别人可以接受的方式。我们也要像寓言里的太阳那样，用温和的态度、暖心的话语，让对方心悦诚服，而不应用强制的手段，生硬的话语，否则只能事与愿违。

本来，许诺为人做事是为了建立一种友好关系，但轻诺寡信却常常比拒绝更容易招来怨恨。因此，我们一旦承诺了别人，就要想方设法去实践诺言，这是赢得别人尊重的最佳方式！

赵咨巧对魏文帝

三国时的吴国人赵咨善于出谋划策，博闻强识。曹丕自称魏王后，宣布封孙权为吴王，孙权做了吴王后，提拔赵咨做了中大夫，派他出使魏国表示对魏王的感谢。

赵咨星夜到了许都。次日，魏文帝曹丕问他道："吴王是怎样一个君主？"

赵咨说："他是一个聪明绝顶、智谋非凡、为人仁德、具有雄才大略的君主。"

魏文帝说："你也夸得过头了吧，为什么这样说？"

赵咨不卑不亢，深施一礼道："既然魏王给了我天大的面子，我就举吴王做的几件实事吧。吴王能把鲁肃从平民中选拔出来，他的聪颖之处由此可见；把士兵出身的吕蒙提升上来，培养他做领兵上将军，他的智谋由此可见；俘虏了魏将于禁却不杀害，他的仁德由此可见；夺取荆州而不让士兵大开杀戒屠城，他的智慧由此可见；占据三州之地，却心想着天下四方，由此可见他的雄才；屈身而从陛下，他的谋略由此可见。"

魏文帝略皱皱眉，转移话题，嘲讽地问："吴王有学问、懂得学习吗？"

赵咨说："吴王有战舰万艘，战士百万，他选拔贤能，专心研究兴邦济国大计，在空闲的时间博览群书，而且他不像平常儒生只会寻章摘句而已，而是从中学习常人看不出的知识。"

"吴王这么起用贤人，国力这么强大，我讨伐它怎么样呢？"魏文帝不以为然。

"大国有征伐之兵，小国有御备之策。"赵咨对答如流。

"吴国畏惧魏国吗？"魏文帝紧接着问。

赵咨说："东吴有百万雄师，以长江、汉水作为护城河，还怕谁呢？"

魏文帝问："吴王手下，像先生这样的人才有多少呢？"

赵咨说："聪慧明智通达超群的人有八九十个，至于我这样的人么，不胜枚举，数不胜数啊。"

魏文帝被赵咨驳得无言以对，在心中叹服道："赵咨真是旷世奇才啊！"。赵咨后来多次出使北方，魏国人对他深表敬佩。孙权听说后大为赏识，任命他做了骑兵都尉。

掉阖之道，以阴阳试①之。故与阳言者，依崇高；与阴言者，依卑小。以下求小，以高求大。由此言之，无所不出，无所不入^②，无所不可^③。可以说^④人，可以说家，可以说国，可以说天下。为小无内，为大无外。

益损、去就、倍反^⑤，皆以阴阳御其事。阳动而行，阴止而藏，阳动而出，阴随而入。阳还终阴，阴极反阳。以阳动者，德相生也；以阴静者，形相成也。以阳求阴，苞以德也；以阴结阳，施以力也。阴阳相求，由捭阖也。此天地阴阳之道，而说人之法也。为万事之先，是谓圆方之门户。

【注释】

①试：试探。

②入：进入，与"出"相对。

③可：可以。

④说：说服。

⑤倍反：背叛或复归。

【译文】

关于捭阖之道，要从阴阳两方面（即说之以利或说之以害）来试探对方。因此，对于积极进取者，应谈论崇高奋进之事来加以引导；而对于消极保守者，应谈论卑微求全之事来加以引导。卑微求全之事，易得到志小者采纳；崇高奋进之事，易得到志大者采纳。若能从人物心理出发去游说，则无所不出，无所不入，无所不可，达到无往而不胜的境界。这种游说方法，可以游说人，可以游说家，可以游说国，可以游说天下。做小事不尽其小，做大事无限其大。

所有的损害和补益，离开和接近，背叛和归附等行为，都是运用阴、阳的变化来驾驭的。阳的方面，运动前进；阴的方面，静止、隐藏。阳的方面，活动显出；阴的方面，随行潜入。阳的方面，环行于终点和开端；阴的方面，到了极点就反归为阳。凡是凭阳气行动的人，道德就与之相生；凡是凭阴气而静止的人，开拓势就与之相成。用阳气来追求阴气，要靠道德来包容；用阴气结纳阳气，要用外力来约束。阴阳之气互相追求，是依据捭阖的原则。捭阖阴阳之道，是万事万物的根本道理，是天地间解决万事万物的钥匙。

【鬼谷智囊】

在这里，鬼谷子提出了"与阳言者依崇高，与阴言者依卑小"的论点。他把人笼统地分为两类，一类是"阳言者"，即积极进取者；一类是"阴言者"，即消极保守者。我们在与人共事或交谈之前，不妨也先给对方归一下类，然后决定用什么样的言行来对待他。为人处世，要想拥有和谐的人际关系，使别人对你推心置腹，你就要充分了解别人，尤其要了解对方的志向。否则，你就难免遭遇曲高和寡的悲凉，或对牛弹琴的尴尬。"与阳言者依崇高，与阴言者依卑小"，这实在是亘古不变的交际法则。

鲁连妙语驳田巴

田巴是齐国的演说家，能言善辩，凭着三寸不烂之舌，滔滔不绝，口若悬河，辩论时没有一个人是他的对手。但他只说不做，更擅长诡辩术，可以把完全不同的东西说成一模一样，把历史上的先贤也贬得一无是处，任你怎么会说也不是他的对手。

当时有个名叫徐劫的人，他有个学生鲁连，伶牙俐齿、能言善辩。当时年纪只有十二岁的鲁连听说田巴的赫赫声名，心里很是不服气，也对他这种坐而论道、大肆清谈的做法非常反感。一天，他对徐劫说："老师，我想同田巴辩论一番，好让他不要再摇唇鼓舌，瞎吹牛皮，好不好？"

徐劫心想，鲁连年纪尚小，不过是血气方刚罢了，就摇摇头说："田巴是非常厉害的，擅长一套巧妙的诡辩术，你这小小年纪，能战胜他吗？"

"我能，老师，我一定行！"鲁连满怀自信地说。

徐劫便带着鲁连去拜访田巴。见到田巴，徐劫说："先生，我有个学生，尽管只有十二岁，却是多才多艺、智谋非凡，能不能向您请教一番啊？"

田巴看了鲁连一眼，见他还是个乳臭未干的小孩子，就露出一丝轻蔑的神情，不以为然地说："可以啊。"

鲁连单刀直入地说道："人人都知道，事情有轻重缓急，不可以急事不办，次要的事却先办。我曾听人说过，厅堂上的垃圾没有时间打扫清除，哪里还顾得上铲除郊野的杂草呢？在短兵相接进行搏斗的时候，刀光剑影在面前，站在面前的敌人应付不过来，也就没有精力防备远处射来的暗箭。怎能防备冷箭呢？现在，我们的国家正处于危急时刻，有楚国大军屯驻我国南阳地方，赵国军队正在攻打高唐一带，更是有十万燕军团团围困住聊城，形势非常危急。我久闻田先生口才出众、满腹经纶，请问您可有什么救急的妙计吗？"

田巴闻听这话，觉得鲁连所说的问题十分棘手，万万没有料到这孩子小小年纪，就深谙国家形势，更能问自己这些事情，一时张口结舌，只能红着脸结结巴巴地说："这……这自然有文臣武将来操心，于我又有何相干呢。"

"你是没有办法，黔驴技穷了吧，"鲁连笑道，"国家兴亡与每个人都休戚相关，难道这一点你都不懂吗？国家紧急之时、人民危亡之际，你拿不出转危为安、救亡图存的办法，也不能提出安抚之计，只会喋喋不休地谈论一些无关痛痒的事情，这不是本末倒置吗？哪还算什么擅长演说的学者呢？真正的学者，应该用计赶走南阳的楚兵、击退高唐的敌人、解除聊城的包围，以此显示自己的才能。要知道，能解决实际问题才是真正有价值、有本事的辩才啊！可您的滔滔演说，不能解决现实问题，不能造福国家百姓，就像猫头鹰喋喋不休的空叫声一样，只会让人生厌而已。我建议您还是多缄金口吧！"

田巴老老实实地听完鲁连的讥讽，越发无地自容，恨不得找个地缝钻进去，羞惭地连声说："你说得有道理，有道理，我今后一定改正。"从此，田巴不再夸夸其谈，而是专心治学。

鲁连了解田巴的心理，所以针对他的弱点，提出了问题，终于使他知道自己的缺陷所在。

第二篇　反应①第二

【题解】

本篇阐释了一种回环反复的思考方法。这种方法能使人更接近事物的客体，获得真知灼见。鬼谷子认为，在论辩或游说时，要"重之、袭之、反之、复之"，这样才能更准确地把握对方的真实意图，从而说服对方，使之听从自己。此法的关键，在于掌握"反"的诀窍。反观历史，才能更好地了解今天；反观自己，才能更好地了解他人。运用"反"的方法，前提是自己要"静"，要冷静地观察和分析对方。在此基础上，再运用所谓的"钓言之道"，让对方说出真话，从而在论辩中立于不败之地。

古之大化②者，乃与无形俱生。反以观往，覆以验来；反以知古，覆以知今；反以知彼，覆以知己。动静③虚实④之理，不合于今⑤，反古而求之。事有反而得覆者，圣人之意也，不可不察⑥。

【注释】

①反应：反，通"返"；应，应和。反应，在这里指从对方反馈来的信息。

②化：教化指导。大化者是指圣人。

③动静：指移动与静止，"动"与"静"是相对而言的。

④虚实：真伪的意思。

⑤于今：未来与现在。

⑥察：仔细观察、研究。

【译文】

古代以大道教化众生的圣人，总能遵循自然和社会发展的规律。反观以往，可察验未来；反观古代，可洞察今天。反观他人，可了解自己。若对事物动静与虚实的判断，在现在与未来得不到实践，不应怀疑鉴古知今的方法，而应更深入地研究历史，求得符合规律的认识。有些事情要反复探索才能把握，这是圣人的见解，不可不认真研究。

【鬼谷智囊】

古人云：以铜为鉴，可以正衣冠；以人为鉴，可以明得失；以史为鉴，可以知兴替。在这里，鬼谷子以一个纵横家的视角，阐明了"反以观往，覆以验来；反以知古，覆以知今；反以知彼，覆以知己"的方法论。

"他山之石，可以攻玉"，他人的实践经验可以成为自己的借鉴。生命有涯而知无涯，有限的生命不可能体验所有的事物。直接经验是宝贵的，但却是有限的。人的伟大之处，就在于能借助思维从间接经验中获得智慧。借鉴别人成功的经验和失败的教训，是自己获得智慧的路径之一。

借鉴刘邦用人之道

公元前209年，陈涉揭竿而起，宣告了一个群雄争霸时代的到来。就在这时，阳武县户牖乡一位名叫陈平的年轻人，前去投奔魏王咎，被任命为太仆，替魏王执掌乘舆和马政。陈平十分聪慧，年少就胸怀大志，而且勤奋读书。他来投靠魏王，原本想有一番成就，但他屡次献计献策都没有被采纳，反而遭到他人的排斥、诋毁。陈平认识到魏王咎是个平庸之人，于是便毅然出走，投奔到项羽麾下，参加了有名的巨鹿之战，跟随项羽入军关中，击败秦军。项羽赐给他卿一级的爵位，但这种职位徒有虚名，并没有实权。

公元前206年4月，楚汉之战正式开始。第二年春天，殷王司马印背楚投汉。项羽大怒，封陈平为信武君，率领魏王咎留在楚国的部下进击殷王，收降司马印。陈平取胜后因功被拜为都尉。过了不久，汉王刘邦又率部攻占了殷地，司马印被迫投降。司马印的反复无常激怒了项羽，以至于迁怒陈平，要斩以前参加平定殷地的全体将士。陈平害怕被杀，又看到项羽无道无能，难成大气候，于是封裹其所得的黄金和官印，派人送还项羽，自己单身提剑抄小路逃走。在渡黄河的时候，艄公见陈平仪表不俗，又单身独行，疑心他是逃亡的将领，身上一定藏有金银财宝，顿起谋财害命之心。陈平察言观色，知其心怀歹意，便心生一计，故意脱掉衣服，往船板上用力一甩，袒露上身，帮助他去撑船。船夫因此知道他一无所有，才没有动手。

陈平一路直奔修武，因为当时刘邦正率领部队驻扎在那里。他通过汉军将领魏无知见到了刘邦。刘邦赐给他酒食，并说："吃完了，就休息去吧。"

陈平说："我为要事而来，我对您要说的事不能挨过今天。"

刘邦听他这一说，就跟他谈起来，两人纵论天下大事，谈得非常投机。刘邦问陈平："你在楚军里担任什么官职？"

陈平回答说："担任都尉。"

当日刘邦就任命陈平担任都尉，让他当自己的骖乘，主管监督联络各部将领的事。

这事一传出，帐下将领不禁哗然，纷纷对刘邦说："大王得到楚军一个逃兵，还不知道他本领有多大，就与他坐一辆车子，反倒来监督我们这些老将。"

刘邦听到这些议论后，反而更加亲近陈平，同他一道东伐项王。这样一来，将领们越发不服气。过了一段时间，他们推举周勃、灌婴晋见刘邦说："陈平虽然美如冠玉，恐怕是徒有其表，未必有什么真才实学，我们听说他在家时就德行不佳，与嫂子通奸，而且反复无常，侍奉魏王不能容身，逃出来归顺楚王，归顺楚王不行又来投奔汉王，如今大王器重他，给予他高官，他就利用职权接受将领的贿赂。这样的人，汉王怎么能加以重用呢？"

经这么多人一说，刘邦也不能不怀疑起陈平来，他把推荐人魏无知叫来训斥了一番。魏无知根据刘邦豁达大度、不苛求完人的特点以及求贤若渴、争夺人才的特殊形势，回答得非常精彩。他说："我所说的是才能，陛下所问的是品行。这两者在争夺天下的过程中，哪一方最重要呢？我推荐奇谋之士，是为了有利于国家，哪里还管他是偷还是接受贿赂呢？"

对于魏无知的回答，刘邦也没有什么好说的。他又责备陈平说："先生您侍奉魏王不终，又去追随楚王；追随楚王不终，现在又来与我共事，讲信用的人应该如此三心二意吗？"

陈平听后回答说："我侍奉魏王，而魏王不能采纳我的主张，所以我离开他去侍奉楚王。楚王不信任人，所以我弃楚归汉，封金还印，只落得形单影只，后来听说汉王善用人，故来投靠汉王。我空手而来，不接受金钱便没有可供花销的。假如我的计策值得采纳，大王您就采纳；如果没有，钱还在，我可以封存起来送到官府，请求辞职。"

刘邦听陈平说完这段话后，就消除了对他的怀疑，又立即表示歉意，并说："你能帮助我成就大业，我也要叫你衣锦还乡。"

于是，更加厚待陈平，把他升为护军都尉。从此以后，诸将领再也不敢说什么了。

公元前204年正是楚汉战争打得最激烈的一年，双方在荥阳争夺得你死我活。刘邦心里非常焦急，他问陈平："天下纷斗不定，什么时候才能真正安定呢？"

陈平看到刘邦如此看重自己，知道施展自己才能的时机到了，他从容地分析说："我想楚国存在着可扰乱的因素。项王身边就那么几个刚直之臣，如范增、钟离昧、龙且、周殷之辈。如果大王舍得花几万金钱，可施行反间计，离间他们的君臣关系，使之上下离心。项王本来爱猜忌怀疑，容易听信谗言，这样，必定会引起内讧和残杀，到那时，我军再乘机进攻，定能获胜。"

刘邦对陈平的分析大加赞赏，于是拿出四万斤黄金给陈平，让其任意处置。

于是，陈平向楚军派遣大量间谍，用很多黄金收买楚军中的将士，让他们散布谣言说："钟离昧等人身为楚军大将，战功赫赫，然而却不能割地封王，因而想与汉军结成联盟，消灭项王，瓜分楚国的土地，各自称王。"

项羽本来生性多疑，听到这种议论后，就派使者到汉军探听虚实。陈平让侍者准备最高规格的菜肴，派人端去，但一见楚使，就故意吃惊地说："我以为是亚父的使者，原来是项王的使者。"

于是吩咐把菜肴端走，换上粗劣的食物。楚使见此情景，非常生气，回去后一一告诉了项王，项王于是怀疑起范增来。当时范增提议项羽迅速攻下荥阳城，但项羽拒绝采纳，气得范增发怒说："天下大事大体上定局了，大王你自己干吧！请求赐还我这把老骨头，退归乡里。"

不料，项王准其所请。范增在回家途中，因背上毒疮发作，猝然而死。陈平略施小计，竟使项羽失去第一谋士，楚汉成败，由此可知。之后，大将周殷在英布引诱下叛楚，钟离昧也因遭猜忌而得不到重用。陈平的奇计竟产生了如此巨大的效果，而项羽的天下终因其自身的弱点，即心胸狭窄、猜忌多疑而分崩离析。失败已成定局。

综观刘邦和项羽在领导用人方面的差异，就不难看出刘邦的胜与项羽的败都是历史的必然。刘邦在领导用人上看重的是人的长处，不苛求完人；而项羽则偏听偏信，且又心胸狭窄，最终使得身边的人才分崩离析，功败垂成。

能成大事的领导者，在选用人才时，不苛求完人。这不仅是一种智慧，更是一种胸襟。试想一个待人刻薄、求全责备的领导身边岂能留住人才？刘邦的用人之道值得我们借鉴，而项羽显然没有看到这种手段的长处，没有借鉴，导致一败涂地。

人言者，动也；己默者，静也。因其言，听其辞①。言有不合②者，反而求③之，其应④必出。言有象⑤，事有比⑥，其有象比，以观其次。象者象其事，比者比其辞也。

【注释】

①辞：言词。

②合：合理。

③求：追求、诘难。

④应：答应。

⑤象：法象、仿效形象和原形。

⑥比：比较。指按照形象进行比较。

【译文】

让别人说话，使其处于动态之中；我沉默不言，是处于静态之中。要根据别人的言谈来听他的辞意。如果发现对方言辞有矛盾，不合乎实情，要反复地追问、诘难他，从对方的答辞中，可以进一步了解他。语言有可以模拟的形态，事物有可以类比的规范。既有"象"和"比"存在，就可以预见其下一步的言行。所谓"象"，就是模仿事物，所谓"比"，就是类比言辞。

【鬼谷智囊】

鬼谷子教导我们，要耐心倾听别人说话，如果别人话里有话，要搞清楚隐含的意思。同时要抓住机会提问，从对方的回答中了解真情。听一个人说话，不同的人能听出不同的意思。有些人善于借题发挥，通过巧妙的设计，达到自己的目的。如果说眼睛是心灵的窗户，那么嘴巴就是心灵的大门。看一个人是善良还是邪恶，要看他的眼神；而要看一个人是智慧还是愚蠢，则要看他的言语。一个会听话也会说话的人，在人生的博弈中将获得更多的机会。

施妙策救辟阳侯

平原君朱建是汉朝时的人，德才兼备、智谋非凡，是有才能的贤明之士。辟阳侯想结交平原君，平原君觉得他无德无才，靠献媚邀宠和扶持吕氏势力得幸于吕后，很是鄙视屡次推托，不肯与他见面。

平原君家境贫寒，母亲去世时，连给出殡送丧的钱都没有，就想向亲友告贷，料理母亲的后事。平原君的好友陆贾要平原君先料理丧事，不必担心丧葬的费用。

陆贾去见辟阳侯，说："贺喜侯爷，平原君的母亲死了。"

"平原君母亲去世，这不是丧事吗？先生为什么向我祝贺？"辟阳侯说。

陆贾说："从前侯爷想结交平原君，平原君一直借口推辞，不和你往来，是因为那时他的母亲还在世，需小心侍奉，不敢随便接受您的恩惠。现在他母亲已经去世，平原君因家贫，无力为母亲料理后事，侯爷若是赠送厚礼为他母亲送丧，以平原君的为人，一定愿意为您拼死效劳。"

辟阳侯于是命人致赠百金给平原君，其他的王侯一看辟阳侯如此的厚礼，也纷纷效尤，终于使平原君渡过葬母的难关。过了一段时日，有人密告辟阳侯与吕太后私通，汉惠帝大怒，就把他逮捕交给官吏审讯，并想借此机会杀掉他。吕太后感到惭愧，不好意思出面为辟阳侯求情，而朝中大臣早就对辟阳侯的娇宠看不顺眼，无一人替他说情。

辟阳侯眼看命在旦夕，急忙派人向平原君求救。而平原君推辞说："现在情势对侯爷不利，我与您见面，只会对您有坏处。所以我们最好不要见面。"辟阳侯以为平原君背弃自己，非常生气。然而平原君却私下求见惠帝的宠臣闳孺，对他说："天下人都知道你受惠帝宠爱的原因。若是杀了太后宠幸的辟阳侯，太后一定对你怨恨在心，会想方设法杀皇帝宠幸的人，你的处境，就非常危险了。你何不求皇上留辟阳侯一命，取悦太后呢？"

闳孺担心得罪太后，于是就依照平原君所说的游说惠帝，惠帝果然不久之后借了一个理由释放了辟阳侯。

辟阳侯出狱后，才知道平原君当时拒绝自己的原因，对平原君的计谋大为佩服。吕太后驾崩后，大臣大肆诛杀吕姓诸侯，和吕姓诸侯往来密切的辟阳侯却安然无恙，不得不归功于陆贾和平原君的计谋。

平原君了解闳孺的心理，利用他的弱点，达成了目的。

以无形求有声。其钓语①合事，得人实也。其犹张置网②而取兽也，多张其会③而司之。道合其事，彼自出之，此钓人之网也，常持其网驱之。其不言无比④，乃为之变⑤。以象动之，以报其心，见其情，随而牧之⑥。已反往，彼覆来，言有象比，因而定基。重之袭之，反之覆之，万事不失其辞。圣人所诱愚智⑦，事皆不疑。

①钓语：像钓鱼投饵一样，在发言时给对方以诱饵，以便引出对方的话头。

②张网：是捕兔子等野兽的网。网是捕鱼等水产品的网。

③会：会合，聚会。

④比：可比的规范。指言辞无可比较。

⑤乃为之变：于是就为此改变方向。

⑥牧之：在此与"察"同义。就是进行调查加以阐明。

⑦愚智：愚者和智者。

【译文】

要用巧妙无形的方法引诱对方说话，引诱对方说出的言辞，如果与事实相一致，就可以刺探到对方的实情。以张网逮兽为例：若多张置一些网，并加以密切关注，就能多捕获一些野兽。这个方法用于人事上，只要方案合宜，对方自然会被你网住，这就是钓人的"网"。经常拿着这张"网"与人周旋，可使对方对你推心置腹。

如果你用的比喻对方不明白，就要改变方法，用形象来打动对方，使其暴露出实情，从而加以控制。若能你一言我一语地进行交流，且双方言辞均有形象、比喻，这就有了沟通的基础。若双方言语投机，你来我往，则世间万物没有说不清楚的。无论对方是愚人还是智者，圣人都有办法诱使他说出真情。这些不必再怀疑。

【鬼谷智囊】

俗话说"人心隔肚皮"，你怎么保证别人跟你说的都是真话呢？鬼谷子认为，要想让别人说真话就必须善于"钓语"，就像拿饵钓鱼一样，把别人的真话钓出来。还要像张网捕兽一样，让别人无处躲藏，只有据实相告。熟练使用这些技巧，就不难听到真话。在深入了解对方心理的基础上，通过言辞或其他方式的引诱，获得对方真实的信息。在当今社会生活的许多方面，这种方法都大有用武之地。

捕蛙案引出奸情

马光祖治理处州时，颁布了一条规定禁止百姓捕猎青蛙的命令。有一村民把冬瓜瓜蒂切一小口，掏去了内瓤，将捕获的青蛙藏于其中，天亮时拿着瓜想混进城，却被守城士兵拦下，人赃俱获地抓了个正着。

当村民戴着刑具被押到县衙时，马光祖感到奇怪的是，捕蛙村民如此巧妙的伪装，守城的士兵是如何识破的？不禁奇怪地问他："你是什么时候去捕的这些青蛙？"村民答："半夜时分。"马光祖问："你捕捉青蛙一事还有谁知道？"村民答："只有内人知道。"

马光祖怀疑村民的妻子另有私情，于是传她前来问话。果然不出他所料，原来村民妻子与他人私通，奸夫为霸占她，想谋害其夫，便唆使这位妻子教他的丈夫如此做，他自己则事先向守城士兵举发此事，好让村民被捕。

马光祖通过小问题成功地吊出了事实。

故善反听者，乃变鬼神①以得其情。其变当也，而牧之审也。牧之不审，得情不明；得情不明，定基不审。变象比，必有反辞，以还听之。欲闻其声反默，欲张反敛②，欲高反下，欲取反与。欲开情③者，象④而比之，以牧其辞。同声相呼，实理同归。或因此，或因彼⑤，或以事上，或以牧下⑥。此听真伪，知同异，得其情诈⑦也。动作言默，与此出入，喜怒由此以见其式⑧。皆以先定为之法则。以反求覆，观其所托⑨。

【注释】

①鬼神：鬼，隐秘不测。鬼神是指死者的灵魂和山川的神明。

②敛：收敛。

③开情：情，感情、情绪。这里是说敞开心灵的大门。

④象：模仿。比，类比。用象比的方法把握对方的言辞。

⑤或因此，或因彼：因，原因。此，这里。彼，那里。或这个原因，或那个原因。

⑥或以事上，或以牧下：事，侍奉。牧，统治人民。全句的意思是说或用来侍奉君主，或用来观察民情。

⑦情诈：真情和虚伪。

⑧式：定式，模式。

⑨观其所托：托，寄托。观察其所寄托之处。

【译文】

古代凡是善于从反面听人言论者，为了能刺探到实情，总是像鬼神一样多变。他们随机应变很得当，也能驾驭住对方。若驾驭不住对方，得到的信息就不明了。信息不明了，心里底数就不全面。

言谈中，若能灵活运用象形、类比之法，说反话刺激对方，通过观察对方的反应，即可探测到实情。想要听对方讲话，我应保持沉默；想要对方敞开心扉，我应暂且收敛；想要使对方高傲起来，我应表现得谦恭一些；想要从对方获取什么，我就要先给予点什么。如果想了解对方的内情，可用象形和比喻的方法，以便把握对方的言辞。

同类的声音可引起共鸣，合乎实际的道理会有共同的结果。或者由于这个原因，或者由于那个原因，或以共鸣法来侍奉上司，或以共鸣法来管理下属。

这也是分辨真伪、了解异同，以分辨对手是真情还是诡诈的有效方法。无论是动作、言说或沉默，以及为探测实情而表现出来的喜怒哀乐，都要事先设计，确定法则。总之，要以反听法求得对方的回应，以此判断对方的心理寄托。

【鬼谷智囊】

所谓"反其道而行之"，是利用一种非常规的思维，指导自己的言谈和行动。比如，在言谈中说反话刺激对方，观察对方的反应，从中得知真情。在做事情时，走一走与目标相反的道路，就像鬼谷子说的"欲闻其声反默，欲张反敛，欲高反下，欲取反与"，往往能够收到良好的效果。

在这里，鬼谷子阐述了迅速俘获人心的基本原则，即说话要声情并茂，善于借助象形、比喻的修辞方法，引起对方内心的共鸣。这样，才更容易了解对方的真心，以决定下一步的行动。

言辞能引起对方内心的共鸣，这才是游说的一种极高境界。而只有达到这种境界的人，才有可能完成不可能完成的任务，达到不战而屈人之兵的游说效果。

让臣与忠臣同列

一次齐景公在海上游玩，乐不思蜀，过了六个月都不想回去。身旁大臣纷纷劝谏齐景公应以国事为重。景公不胜其烦，就不耐烦地说："谁再说要回去，我一定处死他。"这时大臣颜蠋走进来劝谏说："君王在海上游乐的六个月期间，不理朝政，又没有人出来统理国家，国内政局混乱，民不聊生，君王又怎能安心在海上沉迷游乐？"

齐景公顿时大发雷霆，拿起戟就要去砍他。颜蠋毫不畏惧地走上前从容不迫地说："陛下为什么不砍呢？以前夏桀杀关龙逄（或作逢），商纣杀王子比干；君王的贤能，与桀、纣不同；我的才干，也与关龙逄、比干不同。君王砍杀了我，我也好加入他们二人之中啊。"

齐景公这才知道自己不应该纵情玩乐，放下了戟，命令起程回国。归国路上他听说国人正计划夺取政权。景公飞速赶回朝中，所幸为时不晚，还能及时平息叛乱。

这种反其道而行之的说话方式恰好给了君王当头一棒。

故用此者。己欲平静以听其辞，察其事，论万物，别雄雌①。虽非其事，见微②知类③。若探④人而居其内，量其能射其意⑤，符应⑥不失，如螣蛇之所指，若羿⑦之引矢。

【注释】

①雄雌：这里代指真伪。

②微：微小。

③类：种类。

④探：侦察，打听。

⑤射其意：此处指如弓之发矢，准确猜中对方意图。

⑥符应：验合符契。

⑦羿：神话传说中的神射手。

【译文】

便听取对方的言辞，首先自己要平和冷静，不带个人情绪和偏见，考察事理，论说万物，辨别真伪。了解他人，虽然未获得全部信息，但可以根据细微的迹象，预见到其发展的趋势。就像刺探敌情而深居敌境一般，要首先估计敌人的能力，其次再摸清敌人的意图，像验合符契一样可靠，像蛇一样迅速，像后羿张弓射箭一样准确。

【鬼谷智囊】

鬼谷子告诉我们，急躁是人生的大敌。急躁之人急于求成，说话、做事前没有制定周密的计划，结果往往欲速而不达。

急躁之人往往容易灰心，当做事情遭到挫折时，他们往往不能冷静地分析原因，而是带着更加急躁的情绪，不冷静地进行下一步的活动；急躁之人容易树敌，因为，他在处理与他人的矛盾时，有时会没有理智，爱发脾气。一个人如此行事，往往不会得到令人满意的结果，时间长了，他对自己的信心就会丧失。

一个有涵养的人能立即控制情绪，迅速对所发生的事情进行分析并采取正确的对策。具备了这种素质的人，方能做出大的事业来。

以智取胜雄辩御侮

晏子出使到楚国去。楚国的君臣想要笑一下晏子，显显楚国的威风。他们知道晏子是个矮个子，就在大门旁边开了一个小洞，让晏子从这个小洞进城去。

晏子走到小洞前边，看了看，说："这是狗洞，不是城门。出使狗国的人，才从狗洞进。今天，我是出使楚国，不是出使狗国。请问我是来到了狗国呀，还是来到了楚国？"楚人无话可对，只好打开城门，迎接晏子进去。晏子见到楚王，楚王笑嘻嘻地说："怎么，齐国就没有人吗？"

晏子知道楚王是在讽刺他，就不动声色地回答说："您这是什么话！单是我们齐国首都临淄，就有七万余户人家。街上的行人要是都张开衣袖，就可以遮天蔽日；要是都甩一下汗水，就可以汇集成一场大雨，人挤得肩膀挨着肩膀，脚尖碰着脚跟。大王，您怎么说齐国没有人呢？"楚王说："既然有这么多人，为什么要派你这样的人出使呢？"晏子不慌不忙地回答："噢！这您就不知道了。我们齐国派遣使臣有个规矩：要是对方是个上等国家，就派一个有本事、有德行的人去；要是对方是个下等国家，就派一个碌碌无能的人去。我是最没出息的人，所以才派我到你们楚国来。"

楚王安排了酒席招待他。大家正喝得高兴的时候，只见两个吏卒绑着一个犯人来到楚王面前。楚王故意问："这个犯人是哪国人哪？犯了什么罪？"吏卒回答道："是齐国人，犯了盗窃罪。"楚王看了看晏子，笑嘻嘻地问晏子："齐国人都善于偷盗吗？"

晏子离开座位，不慌不忙地回答："我听人说过，桔子生在江南一带的叫作桔，又大又甜；假使把它移到江北一带，就变成枳了，又小又酸。它们的叶子很相似，果实的味道可完全不同。为什么会这样呢？就因为两个地方的水土不同啊！现在这个人，生活在齐国的时候并不偷盗，到了楚国就偷盗，是不是楚国的水土使百姓善于偷盗啊？"楚王听了，脸羞得通红，心想："晏子真了不起啊！我想耍笑他，没想到，反叫他给耍笑了。"

晏子运用自己的才智巧妙地智答楚王，赢得了本国的尊严，这就启示我们在是非面前要冷静思考，以智取胜。

故知①之始己，自知而后知人也。其相知也，若比目之鱼②；其见形也，若光之与影。其察言也不失，若磁石之取针，如舌之取燔骨③。其与人也微，其见情也疾④。如阴与阳；如圆与方。未见形，圆以道之；既见形，方以事之。进退左右，以是司之。己不先定，牧⑤人不正。事用不巧，是谓忘情失道。己审先定以牧人，策而无形容⑥，莫见其门，是谓天神。

【注释】

①知：知道，了解。

②比目之鱼：只有一只眼睛的鱼，经常是两鱼协同并游。

③燔骨：燃烧骨头上所带的肉。

④疾：迅速。

⑤牧：统驭。

⑥形容：形态、形象、容貌。

【译文】

要想掌握情况，要先从自己开始，只有先了解自己，才有可能了解别人。了解别人，应如同比目鱼那样形影相随；守候对方发言，应如同发声之后等待回音那样；掌握对方的情况，应如同阳光与影子那样；侦察对方的言辞，应如同用磁石吸铁针、用舌头品尝烧烤那样万无一失。

通过言语等方式刺激对方时，自己暴露给对方的微乎其微，而侦察对手的行动十分迅速。以防迟延误事。这就如同由阴变阳，又如同由圆变方一样自如。它们互为条件，相反相成。在未弄清对方情况以前，我应以防御性的圆略来诱惑对手，以化解对方的进攻；弄清对方情况以后，我应以进攻性的方略对之，以求战胜对方。无论是前进或后退，左移或右动，都可用上述圆方之道来控制。

如果自己不事先确定策略，统率别人也无法步调一致。做事没有技巧，叫作"忘情失道"，自己首先确定斗争策略，再以此来统领众人，策略要不暴露意图，让旁人看不到其门道所在，这才可以称为"天神"。

【鬼谷智囊】

我们都熟悉孙子"知己知彼，百战不殆"这句名言。而鬼谷子在这里提出的"知之始己，自知而后知人"，也含有"知己知彼"的要求。不过，他更强调自知，把自知作为知人的前提，这是很有见地的。自知之明，确实是人生中的一种重要品质。

并且，鬼谷子在这里阐述了处世的圆方之道。无论是防御性的圆略，还是进攻性的方略，都要根据具体情况，把握好分寸。这样就能达到进退自如的效果，否则就可能处处受困。

刘歆鲁莽行事难收场

西汉成帝时，著名大儒刘向受成帝的指派，率领儿子刘歆和一大批学者整理藏书。

刘向治学严谨，为人正直，他告诫儿子刘歆说：

"我们读书人有个毛病，一旦书读多了，便以为无所不知了，浑身染上傲气，你一定要自律而不能忽视啊！"

刘歆聪明好学，深得父亲厚爱，他提出疑问说：

"父亲学问精深，人所敬仰，难道非要做出谦逊之态吗？和那些无知的俗人相比，父亲用不着自抑啊。"刘向一听大怒，斥责说：

"我哪里是什么惺惺作态？我是真的自觉无知啊！你这样不够谨慎，不知世故，将来要吃大亏的！"

刘歆心中不服，对刘向的话并不放在心上，他对别人说：

"我父亲太迂腐了，这只怪他事事不张扬。如果换作他人，就会有更高的官职，这不是太可惜了吗？"

刘歆写成一部目录学著作《七略》，在别人的恭贺声中，刘向提醒儿子道：

"你写得很好，但我并不想夸赞你。很多人就是在他人的赞颂声中毁灭的，因为这助长了他的傲气。天地如此之大，我们所学所知的实在太少，如果你知道这一点，时刻牢记在心，做事才不敢张狂啊。"

整理古籍之中，一批战国以前的典籍浮出水面。刘向对此并不推崇，而刘歆却主张向天下人推行这些典籍。为此，父子二人发生了争论。

刘向说服儿子道：

"古时典籍固然有些道理，但它并不能揭示万物的规律。世事千变万化，一切贵在创新，何必拘泥于古呢？"

刘歆辩解说：

"是好是坏，相信人们一看便知，我敢断定，我的意见终会有人赏识的。"

后来，汉平帝继位，王莽掌握了朝廷大权。为了篡权的需要，他召来刘歆，装作诚恳地说：

"先生聪明过人，从前主张推行古籍，这实是远见之举啊。我的心意和先生相同，先生的大志可以实现了。"

刘歆感激涕零，马上投到了王莽的怀抱。有人提醒他说：

"如果事关个人前途、国家命运，那么一切就必须慎重。王莽要重用你，福祸未知，你要未雨绸缪啊！"

刘歆自信地说：

"我一向不甘为人下，今日终有出头之日，可见苍天保佑我。以我的智慧，只要王莽纳谏，天下的局面定会焕然一新。"

刘歆自恃己能，频频向王莽进言，建议全面复古，他信誓旦旦地说：

"在我看来，世事的变化已被古人全然掌握了，现在只要大胆实行便是。治理天下虽不是易事，但只要多读一些古书，也就了然于胸，化难为易。我看古籍所述完全可行，称得上尽善尽美了。"

刘歆的朋友为他担心，说：

"凡事说得容易，但做起来就难了，你不该轻易断言。老实说，你做学问可以，对治国之术就生疏了。纸上谈兵害国害己，怎敢涉足呢？"

刘歆暴跳如雷，大骂朋友是个愚人，朋友说：

"我宁肯做一个愚人，这样至少不会招惹祸患。你把自己看得无所不能，将来一定会后悔的。"

王莽依刘歆所议全面改制，结果遭到了惨败，激起了各地的民变。

刘歆害怕王莽追究，又自作聪明地想要发动宫廷政变，除掉王莽。很快，消息泄露出去，刘歆绝望之下，无奈自杀了。

刘歆之死，能怪罪于谁呢？怪也只能怪他自己不知自重、鲁莽行事罢了。

实际上，一个知识广博的人，他所知的也很有限，这就决定了人不能自恃聪明，鲁莽行事。然而，总还是有人处处显露精明，玩弄手段，他们自以为这才是聪明人的表现，肯定也能得到更多的实惠。其实，这是一个致命的错误，真正的聪明人是有自知之明的。

第三篇　内揵①第三

所谓"内揵"，指人的内心清静自守，不为外物所困的一种状态。本篇论述在内揵的前提下，人与人之间（尤其是上下级之间）维持正常关系的目标与原则。该篇首先指出，君臣上下之间的关系十分微妙：表面上很亲近的，内心却很疏远；表面上很疏远的，内心却很亲近；等等。"内揵"之法，要求人臣善于揣摩君主的心思，与其维持一种进退自如的关系。"内揵"的核心是一个"情"字。以"情"为中心，以"德"为辅，以"谋"为变通之法，这是鬼谷子的主导思想。在现代的人际关系中，亦可借鉴内揵之法，创造出一种和谐的工作环境。

君臣上下之事，有远而亲，近而疏，就②之不用，去③之反求。日进前而不御④，遥闻声而相思。事皆有内揵，素结本始⑤。或结以道德，或结以党友，或结以财货，或结以采色⑥。用其意，欲入则入，欲出则出；欲亲则亲，欲疏则疏；欲就则就，欲去则去；欲求则求，欲思则思。若蚨母之从子也，出无间，入无朕，独往独来，莫之能止。内者，进说辞也；揵者，揵所谋⑦也。欲说者，务隐度⑧；计事者，务循顺⑨。

【注释】

①内揵：内，这里指采纳意见；揵，通楗，本义为门闩，这里指进献计谋。

②就：靠近、趋近。

③去：离开。

④御：驾驭马车，这里引申为"使用"；遥闻声，听到很遥远的地方的声音。

⑤素结本始：素，平常。本始，本源。意思是把平常与本源相联结。

⑥采色：这里指艺术和娱乐。

⑦揵所谋：进献计谋。

⑧隐度：暗中揣测、估量。

⑨循顺：沿着顺畅的途径，遵循固有规律。

【译文】

君臣上下之间的事情，有的距离远却很亲近，有的距离近却很疏远；有的在身边却不录用，有的离任反去聘请。有的天天在君主身边却不被信任，有的只是闻其名声却思慕不已。

这种种微妙关系的出现，都是因为采纳和建议的缘故。采纳和建议一开始就将君臣从根本上结合到一起。或凭道德相结合，或依朋党相结合，或以钱物相结合，或靠艺术相结合。臣下若揣准君主的心思，就能取得主动：想进来就进来，想出去就出去；想亲近就亲近，想疏远就疏远；想接近就接近，想离去就离去；想求取的就能得到，想让君主思念就能如愿。

就好像母蜘蛛率领小蜘蛛一样，出来时不留洞痕，进去时不留标记，独自前往，独自返回，谁也没法阻止它。

所谓"内"就是采纳意见；所谓"揵"就是进献计谋。在向君主进献说辞之前，务必暗自揣度君主的心思。在向君主谋划事情之前，也务必要循顺君主的意志。暗中分析是可否，透彻辨明所得所失，以便影响君主的意向。

【鬼谷智囊】

俗话说："良药苦口利于病，忠言逆耳利于行。"这话虽然很有道理。但是，难道良药就一定苦口，忠言就一定逆耳了吗？在鬼谷子看来，向居上位者进忠言之前，要先摸清楚他的想法，然后顺着他的心思去说，这样就能在避免犯上的同时，还能使他愉快地接受你的观点。

士尹池劝谏楚王

楚国想攻打宋国，派士尹池为楚国出使到宋国，司城子罕留他喝酒。子罕家的环境很糟糕。南面邻家的墙壁挡在前面，影响视野；而西面邻家所排出来的臭沟水流经他的房屋，使居室周围总有一股难闻的味道。

士尹池不解：堂堂朝廷官员怎么会在这么差的环境中居住呢？于是便问子罕原因。子罕回答道："南面的一家以制作皮革为生，我也曾想把他们搬迁到别处。但是那皮匠找到我请求说：'我们以此为生，已历经三代。如果搬到别处，人们就不容易找到我们，没有生意上门，如何为生呢？希望相国体恤我们。'所以我没有再让他们搬走。西面邻家地势比我家高，沟水经过我家，那是必然的。所以我也没有禁止。"

士尹池回国后汇报了出使的所见所闻，规劝楚王说："宋国的君主贤明，宰相仁慈，故此能得人心，也能够任用人才。不要攻打宋国啊，不然不但徒劳无功，反而会为天下人耻笑。"楚国于是放弃了攻打宋国的计划。

向居上位者进忠言之前，要先摸清楚他的想法，然后顺着他的心思去说。

阴虑可否，明言得失，以御①其志。方②来应时，以合其谋。详思来捷，往应时当也。夫内有不合者，不可施行也。乃揣切时宜，从便所为，以求其变。以变求内者，若管③取捷。言往者，先顺辞也；说来者，以变言也。善变者，审知地势，乃通于天，以化四时；使鬼神，合于阴阳，而牧人民。见其谋事，知其志意。事有不合者，有所未知也。合而不结者，阳亲而阴疏。事有不合者，圣人不为谋也。

【注释】

①御：驾驭，把握。

②方：方法，道术。

③管：门管。

【译文】

向君主进谋献策，要暗自忖度是否可行，然后为其详尽分析得失，以驾驭君主之意。在进说时要随机应变，合乎君主的想法。若君主向我询问，必须做出适当的回答。凡是内情有不合时宜的，就不可以实行。此时，应揣摩君主之心，顺势而为，以待君主自己改变看法。内捷中的随机应变，如同以门管来接纳门楗一样顺当。

与君主交谈时，凡谈及以往的事，应顺着君主的言辞说；凡谈及未来的事，可以与君主有不同意见。内捷时善于随机应变者，总是能审察地势，通晓天时，遵循四时变化规律，驾驭鬼神，合于阴阳之道。他治下的百姓，都能够安居乐业。只要看君主的做事方式，就可判断出其志向和意愿。如果你的计谋不合君主之意，说明你对他的了解还不透彻。如果你的计谋合乎君主之意，却没有任何结果，那么你应表面上亲近，而暗中与之疏远。君臣之间若不能情投意合，圣人不会为他出谋划策。

【鬼谷智囊】

鬼谷子认为，一个经常与居上位者接触的人，一言一行都势必要小心谨慎，以免出错。但是这样还不够，还必须要头脑灵活。在应付突发事件时，要有随机应变的能力。

黄歇不惜冒死保太子

战国时期，楚王派黄歇与太子到秦国做人质，秦国把他们扣留了几年之久，都不让他们回去。后来楚顷襄王一病不起。当时在秦国服侍太子的黄歇，听到这消息，就向应侯范雎说："这次楚王的病看来是很难治好了，恐怕命不久矣。秦国不如让楚太子回去，假如太子继位，那他一定会感激秦国，与秦国亲善，这就等于为将来保留了一个万乘大国的盟友。如果你们坚持不放人，太子只能留在秦国咸阳做个平民，楚国就会改立国君，新的国君必定不会归服秦国。希望相国仔细考虑这件事。"

范雎就向秦王转告了黄歇的话，秦王沉默了片刻，说："先派黄歇到楚国探问一下楚王的病情，回来后再做计议。"

黄歇对太子说："秦王不放您走，是想获得更大的利益。但是现在阳文君的儿子刚好在宫里，楚王如果归天，阳文君的儿子一定会代替您被册立为王。"

太子听了焦急万分，问："那怎么办呢？"黄歇坚决地说："与其留下来任人宰割，不如您与其他人一起逃走，我留下对付秦王。"他让太子扮成楚国使臣的车夫，驾车出关，而自己守着馆舍，假托太子有病，谢绝会客。黄歇估计太子已经走远，才上朝禀告秦王，说明实情，请求赐死。

秦王大为恼火，要准予黄歇自杀。范雎说："黄歇身为臣子如此忠孝，冒着生命危险保护太子，如果太子登基为楚王，一定会重用他的。我们不如放了黄歇，送他回去，表示对楚国亲善，以后对我们国家也会有好处的。"秦王心有不甘，但是考虑到范雎说得很有道理，就让黄歇回到楚国。

过了三个月，楚王去世，太子即位，果然任命黄歇为宰相，封他为春申君，位居一人之下、万人之上。

正是因为这次随机应变，黄歇得到了太子的信任。

故远而亲者，有阴德①也；近而疏者，志不合也。就而不用者，策不得也；去而反求者，事中来也。日进前而不御者，施不合也；遥闻声而相思者，合于谋以待决事②也。故曰：不见其类③而为之者见逆④，不得其情而说之者见非⑤。得其情，乃制其术⑥。此用可出可入，可揵可开。故圣人立事⑦，以此先知而揵万物。

【注释】

①阴德：心意暗合。

②决事：谋大事，指参与决断国家大事。

③类：类似，共同点。

④见逆：违逆，与愿望相背反。

⑤见非：遭到非议。

⑥术：技能、手段方法等。

⑦立事：建立事业。

【译文】

所以说，与君主距离很远却被亲近，是因为能与君主心意暗合；与君主距离很近却被疏远，是因为与君主志向不合；就职上任而不被重用的人，是因为所献计策不被君主欣赏；离去之后反受聘用，是因为其主张的正确性被事实所证明；每天都在君主面前而不被信任，是因为行为举止不合君意；相隔遥远却被思念，是因为其主张与君主相合，正等他参加决断大事，急需此人参与决断。

所以说，没有搞清对方是哪类人就去盲目游说，必然事与愿违；在未掌握实情的时候盲目游说，也定然遭到否定。只有了解情况，再依据实际情况确定方法，这样去推行自己的主张，才可以出去，又可以进来；既可以进谏君主，坚持己见，又可以放弃自己的主张，随机应变。

【鬼谷智囊】

我们平时说话、办事，怎样才能达到预期的效果呢？鬼谷子认为，要"得其情，乃制其术"，就是说，必须通过调查研究，掌握实情，然后根据实情锁定目标，采取行动。这就是俗语所说的"有的放矢"。如果在掌握实情之前就盲目行动，必然遭遇失败。

田忌赛马智取胜

赛马是战国时最受齐国贵族欢迎的娱乐项目。上至国王，下到大臣，常常以赛马取乐，并以重金赌输赢。齐国的将军田忌多次与齐威王赛马，然而每次比赛，田忌都是输家。

这一天，田忌又输给了齐威王，回家后闷闷不乐，把赛马的事告诉了自己的高参孙膑。孙膑是军事家孙武的后代，深谙兵法，足智多谋，田忌特别佩服他，将他待为贵宾。孙膑安慰他说："下次赛马，有机会带我前去观战，也许我能帮你。"田忌非常高兴。

又一次赛马开始了。孙膑随田忌来到赛马场，场地周围已经坐满了很多文武官员和城里来看热闹的平民。孙膑坐在赛马场边上，饶有兴致地看田忌与齐威王赛马。他们赛马的规矩是：大家的马按奔跑的速度分为上中下三等，依等次比赛，双方各下赌注，比赛共设三局，三局下来，田忌的马都稍逊一等，未能跑赢齐威王的马。看完比赛回到家里，孙膑仔细观察后发现，双方的马，若以上、中、下三等对等地比赛，田忌的马略微差一点，但是相差并不远。于是他心生一计，对田忌说："你只是策略运用不当，才失败的。大将军，请放心，下次赛马你按我的意见办，我有办法让你获胜，你只管多下赌注就是了。"

不久，田忌与齐威王的赛马又开始了。第一局，齐威王出那头健步如飞的上马，田忌按照孙膑的主意，用上等马鞍将下等马装饰起来，冒充上等马，与齐王的上等马比赛。只见齐王的好马飞快地冲在前面，而田忌的马远远落在后面。

到了第二局，形势就变了，齐威王出以中马，田忌这边还是按照孙膑的安排，对以上马，结果在一片喝彩中，田忌的马跑在前面，赢了第二局。

第三局，孙膑安排田忌的中等马和国王的下等马比赛。齐威王的下马当然被田忌的中马甩在了后面。最后，田忌以两胜一负而取得赛马比赛的胜利。

对于目标的明确，使得孙膑打破常规的方式取得了胜利。

由夫道德、仁义、礼乐、忠信、计谋，先取①《诗》《书》，混说损益，议论去就。欲合②者用内，欲去者用外，外内者必明道数。揣策③来事，见疑决之。策而无失计，立功建德。治民入产业④，曰揵而内合。上暗⑤不治，下乱⑥不寤，揵而反之。内自得⑦而外不留，说⑧而飞⑨之。若命自来，己迎而御之⑩。若欲去之，因危与之。环转因化，莫知所为，退⑪为大仪⑫。

【注释】

①取：引用、借鉴。

②合：与离相对。指根据想法，来运用力量。

③揣策：推理判断。

④产业：产，谋生，财产；业，事情，经营功绩。

⑤暗：昏暗。

⑥乱：昏乱，糊涂。

⑦自得：自以为聪明，得计。

⑧不留说：不接受他人的主张。

⑨飞：表扬。

⑩若命自来，己迎而御之：命，召令；自来，指君主有令召来。御，防御、抵制，这里是指拒不接受。

⑪退：保全、完成的意思。

⑫大仪：好办法，大原则，秘诀。

【译文】

凡是道德、仁义、礼乐、计谋这类重要问题，首先要借鉴《诗经》《尚书》的教诲，综合分析利弊得失，最后决定是去还是留。若想留下与人合作，就要把力量用在内部；若想离职而去，就要把力量用在外面。在内与外之间抉择时，必须先明确形势与方法，会预测未来的发展，并善于在各种疑难处当机立断。如果你在运用策略时没有失算，因而受到重用，则可立功建德，治理百姓使之安居乐业，这叫作"巩固内部团结"。

如果上层昏庸不理国家政务，下层纷乱不明为臣事理，各执己见，事事抵触，还自鸣得意；不接受外面的新思想，还自吹自擂。在这种情况下，如果朝廷诏命自己，虽然也要迎接，但又要拒绝。要拒绝对方的诏命，要设法给人一种错觉。就像圆环旋转往复一样，使旁人看不出您想要干什么。在这种情况下，急流勇退是最好的办法。

【鬼谷智囊】

他认为，遇到"上暗不治，下乱不寤"的情形，就要"反"；自己不被重视，就要"飞"。这一"反"、一"飞"，充分表明鬼谷子对"明珠暗投"持激烈的批判态度。

英雄一旦找到了用武之地，就要积极进取，建功立业。然而世事难料，到了需要放手的时候，就要果断放手，不可存在非分之想，痴迷于权力或富贵，应急流勇退，以免引起灾祸。

伯夷叔齐首阳山饿死

伯夷、叔齐均为殷代孤竹国国君之子。国君欲传位于幼子叔齐，叔齐认为应该由长兄伯夷即位方合于礼，便将君位相让。伯夷认为叔齐即位是父亲之命，为人子者应该顺从父命，执意不肯即位，不久出逃回避。叔齐依然不肯即位，也出逃避位。国人只得立国君中子为主。伯夷、叔齐听说西伯姬昌敬老尊长，相携投奔。入周时，西伯已死，武王正用车载着西伯牌位，率师征伐殷纣，他们拦住武王，叩马进谏，认为父死不葬而大动干戈，就是不孝；周为殷之臣，以臣伐君，就是不仁。因此，他们坚决反对伐纣。武王左右随从要杀他们，太公望说这是仁义之人，命人将他们扶走。武王灭商后，天下都拥戴周的统治。伯夷、叔齐觉得周不仁不义，再食其粮是耻辱，随后隐居于首阳山，以采食野菜为生，不久饿死。临死前，他们仍然认为，武王伐纣是以暴易暴而不知其非，哀叹自己命运衰薄，不遇神农、虞、夏的大道时代，而遭逢这君臣争夺的乱世，以至找不到归宿。

伯夷叔齐被当作是忠臣的典范，不食周粟，采薇而食，乃至于饿死。后世多赞其高洁，但是以讲究实用的鬼谷子看来，显而是过于迂腐了。

第四篇　抵巇①第四

【题解】

本篇中所说的"巇"，本意为缝隙，可引申为矛盾、漏洞，或者困扰人们的问题。鬼谷子认为，"物有自然，事有合离"，在事物"合离"运动的过程中，不可避免有"巇"的存在。在"巇"的萌芽时期，能预测到它的发展，及时铲除恶的种子，这就是"抵巇"。古代圣贤大都深得抵巇之道，他们能准确抓住"抵巇"的时机，实施谋略，以避免乱世所带来的大灾难。当天下太平时，他们就隐居以待时。可见，抵巇之道的核心，就是能够审时度势，抓住时机，使矛盾迎刃而解。

物有自然，事有合离②。有近而不可见，有远而可知。近而不可见者，不察其辞也；远而可知者，反往③以验来④也。

【注释】

①抵巇：抵，抵塞；巇，缝隙。抵巇，在这里指弥补不足、堵塞漏洞。

②物有自然，事有合离：物，天地间的一切事物；自然，非人所为的，天然的；合离；聚合与分离。

③往：既往，过去。

④来：将来的意思。

【译文】

万物都有自然发展的规律，万事都有对立的两个方面。有时彼此距离很近，却互相不了解；有时互相距离很远，却彼此熟悉。在近前的所以看不见，是因为没有互相考察言辞，不明对方的虚实；在远处的所以能得知，是因为经常往来，互相体察。

【鬼谷智囊】

鬼谷子说得好："有近而不可见，远而可知。"为什么在近处的反而看不见呢？因为近处的东西太平常了。同样的道理，我们生活中有很多事情不被重视，因为它们太小了。但是有句古话说："不积跬步，无以至千里"，对于想干大事的人，就怎么能轻视小节呢？

俗话说"千里之堤，溃于蚁穴"，垃圾堆里的一点火星，可以把一座宫殿烧成灰烬。"一子落错，满盘皆输。"你站在高处，身上任何一个微小的弱点都可能成为敌人集中火力攻击的目标。

一个人能不能干成大事，有很多种检测的方法，但最简单的一种，就是看他在处理小事时的态度和做法。

心思细密考虑周到

公元215年，曹操率大军讨伐张鲁，在合肥留下七千守军和一封信，信封上写道："敌人来了，再打开看。"

八月，孙权率军队十万人围攻合肥。此时，合肥城内有张辽、李典、乐进率七千人马屯兵驻守。孙权大兵到达，张辽等人打开信，信中写着："孙权若攻打你们，张、李将军出战迎敌，乐将军守城，护军不要参战。"将军们认为如此寡不敌众，都怀疑曹操的指示有问题。张辽说："魏公远征张鲁，等他派救兵到这，我们已经被攻破了。所以他在信中指示，在敌人安排停当前，予以迎头痛击，以摧折敌军气焰，安定我军军心，然后才可能回城固守。"乐进等人都沉默不语。张辽气愤地说："胜负成败，在此一战。诸位若还犹豫不决，我张辽将独自决一死战。"李典原本与张辽不和，却感慨地说："这是国家大事，您的计谋是为国家着想，我怎么能因为私人的恩怨而损害公义呢！我将和您一起出战。"于是，张辽当夜募集敢死队员八百人，杀牛设宴隆重犒劳他们。第二天清晨，张辽身穿铁甲，手持战戟，身先士卒，冲锋陷阵，杀敌数十人，斩敌两员大将，高喊自己的名字，冲破敌兵营垒，直杀到孙权的大旗下。孙权大惊，手足无措，退到一座高丘上，用长戟自卫。张辽大声叫喊着，要孙权下来决一死战，孙权不应战，看到张辽的人马并不多，乃下令将张辽重重包围。张辽急忙冲出重围，仅带出数十人，陷在敌阵中的人高喊："将军要抛弃我们吗？"张辽又返身杀回，再度冲出重围，救出其余的战士。孙权的人马都望风披靡，不敢抵挡。从清晨一直战到中午，东吴的士兵都十分沮丧，全无斗志。张辽命令回城，部署守城，整修城防，军心开始安定下来。孙权围攻合肥十多天，无法破城，只好撤军。士兵们已经集合列队上路，孙权和部下将领们还在逍遥津北岸，被张辽从远处看见。张辽突然率步骑兵杀到。甘宁、吕蒙等人奋力抵御，凌统率领亲兵搀扶孙权冲出包围，又杀进去与张辽奋战，身边的战士全部战死，他自己也受了伤，估计孙权已无危险，他才撤回。孙权乘骏马来到逍遥津桥上，桥南边的桥板已经撤去，有一丈多宽没有桥板。亲兵监谷利在孙权马后，要孙权坐稳马鞍，放松缰绳，他在后面猛加一鞭，战马腾空跃起，如箭般射向南岸。贺齐率三千人在南岸迎接，孙权因此而幸免于难。孙权登上大船，在船舱设宴饮酒压惊，贺齐从席间走出，流着泪说："主公为一国之尊，做事应处处小心谨慎，今天的事情，几乎造成巨大灾难。我们这些部属都深感震惊，如同天塌地陷，希望您永远记住这一教训。"孙权亲自上前为贺齐擦去眼泪说："我很惭愧，一定把这次教训铭刻在心中，绝不仅仅用笔记录下来就算了事。"

此次孙权率大军出征，以为能够凭借悬殊的兵力，强取豪夺，却没有一个万无一失的战略准备，不料反被逼入绝境，险些送命，这就是鲁莽出兵所带来的后果。

巇者，罅也。罅①者，㵎也；㵎者，成大隙也。巇始有朕，可抵而塞，可抵而却，可抵而息，可抵而匿，可抵而得，此谓抵巇之理也。事之危也，圣人知之，独保其用。因化②说事，通达计谋，以识细微，经起秋毫之末③，挥之于太山④之本。其施外，兆萌芽蘖⑤之谋，皆由抵巇。抵巇隙，为道术。

【注释】

①罅：裂痕，间隙。

②因化：顺应变化。

③秋毫之末：指秋季所生出的动物细毛。

④太山：也作泰山，是壮观又宏大的名山。

⑤兆萌芽蘖：兆萌是微小的征候，芽蘖是伐木后从根部所生的新芽。

【译文】

所谓"巇"就是小的缝隙，巇发展之后变成"罅"，罅发展之后变成"㵎"，㵎发展以后变成"大隙"。当小的缝隙刚出现时，常带有某种预兆，此时就应设法加以堵塞，使其变小，或者不再扩展，或者消失，如果仍不可治，就设置使之转化，弃旧图新。这就是"抵巇"的原理。

当危机征兆出现时，圣人就敏锐地察知到了，他们总是密切注意危机的征兆，利用事物变化的原理进行具体分析，提出计谋，以便进一步认识观察对手的细微举动。万事万物在开始时都像秋毫之末一样微小，一旦发展起来就像泰山的根基一样宏大。

当圣人将行政向外推行时，奸佞小人的一切阴谋诡计，都会被排斥，可见抵巇原来是一种方法。

【鬼谷智囊】

在这里，鬼谷子分析了古代圣贤应付社会危机的办法，概括来说，就是"防微杜渐"四字。在危机刚刚露出苗头的时候，圣贤们就能找到解决的办法。

《周易》中说："君子藏器于身，待时而动。"我们一旦觉察到隐患随时可能萌生，就要用"器"将它斩杀于摇篮之中，做到防微杜渐。这，便是鬼谷子抵巇之术的精髓。当危机刚出现苗头的时候，智者就能敏锐地察知，而愚者还蒙在鼓里，往往对智者的忠告不屑一顾。古代圣贤明君能把国家治理得很好，就因为他们能及时发现问题，在危机还处于萌芽状态的时候就加以消除。

黄歇命丧美人计

有个门客叫李园，是春申君的舍人，侍候在春申君身边，随时听候差遣。他想出人头地，可是他没有显著的贡献与才能，在黄歇的门客中也总是被嘲笑。

李园无治国经邦之才，但是，他有一个妹妹，名字叫李嫣，正在妙龄，姿貌绝丽，楚楚可人，而且精通文墨，会弹唱，伶俐敏慧，是一个人见人爱、倾国倾城的大美女。

李园认为条件已经具备，时机已经成熟，就向黄歇请假回家。

黄歇同意了，但是李园故意超过请假的规定日期，多过了十天，才回到相府。

李园这个人从来都是守时的，所以黄歇觉得奇怪，便问："为何超过假期才回？"脸上露出了不高兴的样子。

李园一副可怜相，轻声说："请恕小人失职。齐国国王不知从何处知道我妹妹年轻貌美，尚未婚配，特意派使者来到我家中，想让我的妹子进宫。我为招待齐国的使者，因此回来晚了。"说着连忙向黄歇叩头谢罪。

春申君心想：既然连齐王都远道而来，派使者来求婚，那么此女子一定特别漂亮，连忙问道："已经让齐王聘走了吗？"

李园说："还没有最后议定。"

"可以送来我府中，让我瞧瞧吗？"黄歇马上用亲切的语气说：

"是，大人，我这就再回去一趟，让妹妹来拜访府上。"李园心满意得地走了。

李园将妹妹李嫣送入了相府。春申君见李嫣果然美丽动人，姿貌绝丽，色如莲葩，肤如凝脂，秀色可餐，一下子就被迷住了。黄歇从来没有见过这么漂亮而又聪慧的女性，他离不开李嫣了，便给了李园两双白玉璧，五百镒金子。将李嫣娶之为妾，甚为宠爱。而李嫣从来不出门，以至于楚国上下竟然没有什么人知道黄歇纳了个美妾。

三个月之后，李嫣有了身孕。李园很快得知了这一消息，私下与李嫣说："楚王无子，正为继承人之事发愁。你不如劝说春申君黄歇，设法让他将你献给大王。如果有幸生下一子，你就可以成为王后，若是你的儿子将来嗣位为王，你更是贵不可言。即使生女，你也得列为嫔妃，远强过在这相府中做小妾。"

李嫣是一个聪明的女子，她要的是能改变她命运的男人，她也相信她的这个哥哥。于是她答应了。

夜色笼罩楚国的相国府时，李嫣就千娇百媚地对黄歇说："夫君！大王对您的厚爱确实非同一般，就是楚王的兄弟也比不过您。"

李嫣的话激起了黄歇的自豪感。可是李嫣却皱了眉头，说：

"恐怕这种富贵不能长久，我真为您担心。"

黄歇闻言一惊："此话怎讲？"

"如今大王没有子嗣，等到大王驾崩，大王的兄弟就会继承王位了，他们都要任用自己平时所亲信的人。夫君还能保持大王的厚爱吗？而且夫君做楚的相国已经有二十多年了，哪一个楚王的兄弟不看着您眼红啊！他们会报复您啊。到时夫君的灾祸就临头了，就不会有您和我的今天了！或许连性命也保不了啊！"

黄歇吃了一惊，脸上的得意神色顿时烟消云散，这女人真是天下第一聪明的女子。他心想，不妨问问李嫣。于是问道："依你的高见，该如何是好？"

李嫣欲擒故纵："我有一计，不仅可以为君免祸，而且还能为您增福。"

黄歇忙问："什么计策？快说。"

李嫣千娇百媚，靠近黄歇说："我已经有了身孕，楚王无子，您为什么不将我送给楚王呢？若是将来你的孩子继位为王，整个楚国就是你的了。何况您曾多次向楚王进献过美女，把我进献给楚王，楚王一定不会怀疑的。"

黄歇从心里佩服这个依偎在他怀里的女人。这是一条多么天衣无缝的妙计啊，要真是那样，楚国的天下不就是自己的了吗？

"你真是个奇女子啊。"黄歇如释重负，发自内心地说。

李嫣于是盛装入宫，妖姿秀颜，珠翠盛饰，飘若仙女，久恋女色的楚王一见便心飞天外，半个灵魂都出了窍。

不久，这个天生丽质的女人，竟然告诉楚王她怀孕了。楚王觉得这是天大的喜事，欣喜若狂，脸上都泛出红光来。

几个月后，李嫣怀孕期满，生了个儿子。楚王遂立李嫣为王后，而李园也一下就成了国舅，身价一下抬高了数十倍。

地位日尊、权力日大的李园心想，我妹妹怀孕之事，只有黄歇知道，若是他将此事泄露出去，我就永世不得翻身了，不如杀掉春申君，以灭其口，说不定还能得到相国一职，可谓一举两得。于是他暗中开始在列国中招募死士，养在府中，多予金银，厚给衣食，以便让他们死心塌地为自己卖命。

春申君门下有宾客三千，而门客朱英，是一个善于观察的人，他不知道李嫣和黄歇的秘事，但他探知了李园的阴谋。

朱英于是决定去见一见自己的主人。

"您知道世上有不期而至的福报、不期而至的灾祸和不期而至化险为夷的人吗？"朱英说。

黄歇对于自己的这个门客还是十分欣赏的，就问："什么叫不期而至的福报？"

朱英不动声色："算起来，您当楚国的相国已经有二十年了，名义上是相国，实际上却等于楚王。可是现在楚王病得很重，恐怕不久于人世。太子又小，您就要辅佐少主，主政楚国，虽然不是王而实际上拥有楚国，日后楚王若不行，你还可以自立为王，这就是不期而至的福报。"

黄歇又问："那么什么又是不期而至的灾祸呢？"

"国舅李园家中养了一大批武士，多蓄死士，我想他那是要向您夺权，再杀您以灭口，这不就是不期而至的灾祸吗？"

黄歇听到这里笑了。他心里想，李园是一个平庸懦弱的人，走起路都来摇晃不定，哪里敢想和他争什么权势，他没有胆量干这种事。

"那什么叫不期而至化险为夷的人呢？"

朱英拍拍胸脯："我就是无妄之人。"

黄歇问："怎么说？"

"您让我为您杀掉李园，绝了后患，那我不就成了不期而至化险为夷的人嘛！"

"李园他也不至于干出这种事，你多虑了。"黄歇笑出声来，对朱英说，心想：朱英的话真是天方夜谭。

他无论如何也不相信李园会对他怎么样，更何况他还有李嫣呢！

朱英见自己的意见不被采纳，便离开春申君门下，远走他乡，黄歇也没觉出什么。

十七天后，楚考烈王熊完驾崩。李嫣派人密报李园，李园得信后，立即入宫，并且让黄歇进宫安排楚王的后事。

黄歇进宫的时候，正赶上王宫里禳鬼行傩，这是为了让楚王安全地回到阴间，也让诸鬼远离太子，保证他的安全。

傩的队伍阵容庞大，有宫里的宫人，有一百二十多名童男童女，还有必不可少的驱鬼的主帅——大名鼎鼎的方相氏，头戴黄巾四目的面具，身着熊皮，红裙黑衣，此外还有十名人所装扮的"神兽"，那是方相氏的助手。

傩调开始唱起来了，方相氏跳进了场内，率人驱打厉鬼，十二个高冠长顶，手持利斧的神兽也跳起了近于疯狂的舞蹈，带着张牙舞爪的面具大喊大叫，宫内一片混乱。

就在黄歇从行傩的人群旁边绕过，要进入大殿的时候，一个"神兽"上前一步就将黄歇的头砍了下来。

讨伐黄歇谋反的布告一天之内贴满了全城。黄歇的头被割了下来，挂在了城门之上，身首异处。李园派人杀尽春申君的全家及族人，他的门客一逃而光，封地也被收了回来，楚国从此成了李园的天下，国事不可收拾，朝纲紊乱，一切都是因为一个小小的美人。

天下分错[①]，上无明主，公侯无道德，则小人谗贼[②]，贤人不用，圣人窜匿[③]，贪利[④]诈伪者作，君臣相惑，土崩瓦解而相伐射[⑤]。父子离散，乖乱反目，是谓"萌芽巇罅"。圣人见萌芽巇罅，则抵之以法。世可以治则抵而塞之，不可治则抵而得[⑥]之。或抵如此，或抵如彼。或抵反之⑦，或抵覆之⑧。五帝⑨之政，抵而塞之，三王⑩之事，抵而得之。诸侯相抵⑪，不可胜数。当此之时，能抵为右⑫。

①分错：错，混乱、骚乱；分错是四分五裂。

②谗贼：认为是歹徒而进谗言。

③窜匿：逃跑隐匿。

④贪利：贪图利禄。

⑤伐射：互相残杀，击射。

⑥得：取得。

⑦反之：帮助其恢复原状。

⑧覆之：颠覆对手。

⑨五帝：中国古代五位帝王，即黄帝、颛顼、帝喾、尧帝、舜帝。

⑩三王：中国古代三位帝王，即夏禹王、商汤王、周文王。

⑪诸侯相抵：这里指春秋五霸，即齐桓公、晋文公、宋襄公、楚庄公、秦穆公五个霸主互相抵制和对抗。

⑫右：上位。

【译文】

天下分裂错乱，朝廷没有明君，公侯缺乏道德，小人们就会谗害忠良，贤能之人不被任用，圣人被迫逃匿，贪利伪诈之徒兴风作浪，君臣互相猜疑，君主和大臣之间互相怀疑，君臣关系土崩瓦解，互相征伐，父子离散，骨肉反目，就叫作"轻微的裂痕"。

圣人见到轻微的裂痕之后，就要采取相应的手段加以对付。若世道能够治理，就要采取弥补的"抵"法，继续让它存在下去；若世道不可治，用破坏的"抵"法（彻底把它打破），使之获得新生。

或者这样"抵",或者那样"抵";或者通过"抵"使其恢复原状,或者通过"抵"将其重新塑造。例如,五帝对当时的社会蟥蟥,均采取补塞的办法;夏、商、周三王时代,则是采取颠覆办法,取得政权。在这个混乱的时代,诸侯之间的互相征伐,多得数不清。当天下混乱时,谁能善于抵蟥,就能占据上风。

【鬼谷智囊】

鬼谷子是主张积极变革的,他认为,当出现了"天下分错,上无明主,公侯无道德"的现象时,就表明社会出现了问题,需要一场变革来加以整顿。而古代的圣人所进行的变革,都能达到安定社会、造福万民的目的。

变革旧的事物,绝不是什么轻而易举的事情,需要一段时间的准备,才能逐渐被人们理解、接受。古代圣王的变革都是顺天应人、大公至正的,没有什么阴谋可疑之事,就像是老虎身上的斑纹一样昭然可见,天下人看得清清楚楚,无不信从。东汉的马融说:"虎变威德,折冲万里,望风而信。"可见"德"是多么重要,任何人在推行变革之时,能够做到德行天下,革道显明,天下人自然会云集响应,这样的变革前景当然美好。

商鞅变法成就强国

商鞅的贡献首先表现在他卓越的政治才能上,其次是军事上。

商鞅所处的时代是我国由新兴的封建制取代腐朽的奴隶制的变革时代。当时周室衰微,诸侯互相攻伐,斗争非常激烈,谁想立于不败之地,谁就得寻求自强的途径。前361年,秦孝公为改革秦国的落后局面而下求贤令,这就给踌躇满志的商鞅绝好的机会。到秦国后,商鞅向秦孝公进说"强国之术",孝公大为赞赏,于是任命商鞅为左庶长,开始实行第一次变法。其主要内容包括：废除旧贵族的世袭特权，实行军功爵制，奖励军功，禁止私斗；实行编户制和连坐法；重农抑商，奖励耕织；奖励个体小农经济。这些改革，削弱了旧贵族势力，迅速地发展了经济，使落后的秦国日益富强起来。10年之后，秦国在政治、军事、经济各方面都赶上或超过了东方六国，一跃而为头等强国。前350年，秦国迁都咸阳，积极地进行东进的战略准备，被升任为大良造（相当于丞相地位）的商鞅又实行了第二次变法。这次变法的内容是：普遍推行县制；废井田，开阡陌；统一度量衡；制定秦律；烧诗书，禁游学，加强思想统治。在孝公的支持下，商鞅的变法再次得以顺利实施，收到了良好的效果，秦国更加国富民强。李斯曾评价商鞅的变法，说："孝公用商鞅之法，移风易俗，民以殷富，国以富强，百姓乐用，诸侯亲附。"王安石《商鞅》一诗中写道："自古驱民在诚信，一言为重百金轻。今人未可非商鞅，商鞅能令政必行。"

商鞅不仅有突出的政治才干，而且有非凡的军事才能。前340年，商鞅率秦军攻魏国西部边境，双方势均力敌，秦很难迅速取胜，商鞅就写信给魏公子，假意与魏公子言旧，约公子饮酒会盟，魏公子毫不怀疑，如约而来，恰好就中了商鞅的埋伏，魏军大败，迫使魏国归还了过去从秦国掠去的河西之地，解除了魏对秦的威胁。为此，商鞅得到了於、商的封地15个城邑，号为商君。

商鞅虽然被害，但新法并未被废除。新法适应时代的发展趋势，是秦惠文王不废新法的原因。同时，商鞅变法也确立了封建社会地主以占有土地的方式剥削农民的生产方式。在这次变法之后，秦国的国君也就成了秦国的最大的地主，秦惠文王本人也从奴隶主转型为地主，这也是秦惠文王没有废除商鞅法令的一个重要的原因。

商鞅变法是战国时期最彻底的一次变法。不仅推动了秦国社会的发展，而且推动了宗法分封制向中央集权制转型，为秦始皇建立大一统帝国奠定了基础，对后世产生了深远的影响。所以后世有人说："百年犹得秦政法。"同时也确立了封建社会的生产方式，这是商鞅变法对中国古代社会最大的影响。

自天地之合离、终始，必有巇隙，不可不察也。察之以捭阖，能用此道，圣人也。圣人者，天地之使①也。世②无可抵③，则深隐④而待时；时有可抵，则为之谋。此道可以上合⑤，可以检下⑥。能因能循，为天地守神。

【注释】

①天地之使：天地的代行者。

②世：这里指乱世。

③无可抵：指无可补救。

④隐：隐藏，隐迹。

⑤可以上合：对上层可以合作。

⑥可以检下：对下级可以督促检查。

【译文】

自天地有离合变化以来，自始至终必有裂痕，为政者不可不察。要发现裂痕，就要用"捭阖之道"，能用此道的就是圣人。所谓圣人，是以挽救天下苍生为己任的人，假如世间没有可"抵"之事时，圣人就隐匿在人民中间，等待时机；一旦世间出现可"抵"之事，就挺身而出，为国家谋划。这些谋划，上可说服君主，下可治理百姓，既依据实际情况，又遵循客观规律，真可谓天地的守护神。

【鬼谷智囊】

几千年以来，中国的有志之士就在出世与入世的两端徘徊。到底什么时候应该入世，建功立业，造福社会；什么时候又应该出世，藏身山林，韬光养晦？鬼谷子的回答是："世无可抵，则深隐而待时，时有可抵，则为之谋。"也就是说，社会问题出现了就做事立功，天下太平了就深隐待时。

姜尚兴周大业

姜太公，即吕尚（史称太公望；史书皆称吕尚、吕望；俗称姜太公、姜子牙），为炎帝之后本为姜姓，因其先祖伯夷为尧帝四岳，在舜帝时为秩宗，典朕三礼，佐大禹平水土功劳很大，为禹帝的股肱重臣，受封为吕侯，被赐姓姜，封于吕地（位于现在的河南省南阳市卧龙区王村乡董营村，姜子牙就出生在董营村），并建立诸侯国吕国。为吕氏始祖，后世从其封氏（根据先秦及之前胙土命氏男子称氏的规定），故曰吕尚。享齐国祀者必吕氏，故史记云：盖太公之卒百有余年子丁公吕伋立；……二十六年康公卒，吕氏遂绝其祀。

相传姜尚的先世为贵族，故为吕氏，曰吕尚。姜子牙家道中落，至姜尚时已沦为贫民。为维持生计，姜尚年轻时曾在商都朝歌（今河南淇县）宰牛卖肉，又到孟津（今河南孟津县东北）做过卖酒生意。他虽贫寒，但胸怀大志，勤苦学习，始终不倦地研究、探讨治国兴邦之道，以期有朝一日能够大展宏图，为国效力。直到暮年，终于遇到了施展才华之机。

当时，正是东方大国殷商王朝走向衰亡的时期。殷纣王暴虐无道，荒淫无度，朝政腐败，社会黑暗，经济崩溃，民不聊生，怨声载道。而西部的周国由于西伯姬昌（后为周文王）倡行仁政，发展经济，实行勤俭立国和裕民政策，社会清明，人心安定，国势日强，天下民众倾心于周，四边诸侯望风依附。壮心不已的姜尚，获悉姬昌为了治国兴邦，正在广求天下贤能之士，便毅然离开商朝，来到渭水之滨的西周领地，栖身于磻溪，终日以垂钓为事，以静观世态的变化，待机出山。一天，姜尚在磻溪垂钓时，恰遇到此游猎的西伯姬昌，二人不期而遇，谈得十分投机。

姬昌见姜尚学识渊博，通晓历史和时势，便向他请教治国兴邦的良策，姜尚当即提出了"三常"之说："一曰君以举贤为常，二曰官以任贤为常，三曰士以敬贤为常。"意思是，要治国兴邦，必须以贤为本，重视发掘、使用人才。姬昌听后甚喜，说道："我先君太公预言：'当有圣人至周，周才得以兴盛。'您就是那位圣人吧？我太公望子（盼望先生）久矣！"于是，姬昌亲自把姜尚扶上车辇，一起回宫，拜为太师，称"太公望"。从此，英雄有了用武之地。

姜尚在辅佐周文王期间，为强周灭商制定了一系列正确的内外政策。对内，实行农人助耕公田纳九分之一的租税，八家各分私田百亩，大小官吏都有分地，子孙承袭，作为俸禄等经济政策，促进了生产的发展，打下了灭商的经济基础。对外，表面上坚持恭顺事殷，以麻痹纣王，暗中实行争取邻国、逐步拉拢、瓦解殷商王朝的盟邦，以翦商羽翼，削弱和孤立殷商王朝的策略。在姜尚的积极谋划下，归附周文王的诸侯国和部落越来越多，逐步占领了大部分殷商王朝的属地，出现了"天下三分，其二归周"的局面，为最后消灭纣王，取代殷商，创造了条件。周文王死后，周武王姬发继位，拜姜尚为国师，尊称师尚父。姜尚继续辅佐周国朝政。

一次，周武王问道："我欲轻罚而重威，少行赏而劝善多，简其令而能教化民众，何道可行？"姜尚答曰："杀一人而千人惧，杀二人而万人惧，杀三人而三军振者，杀之。赏一人而千人喜，赏二人而万人喜，赏三人而三军喜者，赏之。令一人而千人行者，令之；禁二人而万人止者，禁之；教三人而三军正者，教之。杀一以惩万，赏一而劝众，此明君之威福。"武王言听计从，时时慎于行赏，力求令行禁止，使周朝政治愈益清明。而此时的殷商王朝政局更加昏暗，叛殷附周者日多。周朝逐渐羽翼丰满，国势日隆。武王九年，为了探察诸侯是否会集而东讨商国。周军在姜尚的统帅下，浩浩荡荡开到孟津，周武王在这里举行了历史上有名的"孟津之誓"，发表了声讨殷纣王的檄文。届时800诸侯会诸此地（当时的诸侯国都很小，商朝国土中竟达1800多个。后来的春秋五霸和战国七雄是在兼并混战中形成的较大的诸侯国），显示了武王的声威。当时许多诸侯都说，"商纣可伐"！武王和姜尚则认为，时机尚不成熟，殷商王朝的统治虽已陷入内外交困、岌岌可危的境地，但其内部尚无明显的土崩瓦解之状，如果兴师伐纣，必然会遭到顽强抵抗。于是，决定班师而回。这次行动，实际是灭商前的一次预演，在诸侯国间产生了强烈影响，使更多诸侯听命于周武王。

武王十一年，殷商王朝统治集团核心发生内讧，良臣比干被杀，箕子被囚为奴，微子启惧祸出逃，太师疵、少师强投降周武王。武王问姜尚："殷大臣或死或逃，纣王是否可伐？"姜尚答道："天与不取，反受其咎；时至不行，反受其殃。"武王闻言，决意举兵伐纣。遍告诸侯说："殷有重罪，不可以不毕伐"。遂以姜尚为主帅，统领兵车300乘，虎贲（猛士）3000名，甲士4.5万人，以"吊民伐罪"为号召，联合诸侯各国，出兵进取商都（参见周灭商之战）。

但占卜结果却不吉利，部队行至汜水牛头山，风甚雷疾，旗折鼓毁，群公疑惧，有人甚至请求还师。只有姜尚坚持出兵，"今纣刳比干，囚箕子，伐之有何不可？举事而得时，则不看时日而事利，不假卜筮而事吉，枯草朽骨，安可知乎！"他说那些占卜用的龟甲和蓍（音式）草根本不懂什么吉凶。

姜尚亲自援袍而鼓，率众先涉河，武王最终听从了姜尚姜子牙的意见，统兵前进。二月甲子（二月五日），周武王率领大军会合庸、蜀、羌、微、卢、彭、濮等方国部队战车四千乘陈师牧野（今河南淇县南），与纣王的17万大军展开决战（参见牧野之战）。拂晓，进行庄严的誓师——这便是历史上有名的"牧誓"，誓词历数纣王听信宠姬谗言，招诱四方罪人和逃亡奴隶，暴虐地残害百姓等罪行，说明伐纣的目的乃代天行罚，宣布战法和纪律要求，激励战士勇猛果敢作战，武王使尚父亲统百名精锐勇士"致师"——发起挑战，接着指挥戎车三百乘、虎贲三千人，甲士四万五千乘势驰逐冲击。纣师虽众，皆无斗志，而且"前徒倒戈"——前面的士卒调转枪头指向商军，给武王开路。武王见此情景，指挥全军奋勇冲杀，结果，商纣王的十几万大军，当天就崩畔瓦解。三妖被姜尚及大周军士斩首示众。纣王见大势已去，在鹿台投火自焚，至此，殷商王朝宣告灭亡。

牧野之战所以能大获全胜，多赖姜尚英明的组织指挥。在作战时机的把握上，选择在纣王麻痹松懈、众叛亲离之时；在力量的组织上，以"吊民伐罪"为号召，联合诸侯共同伐商；在作战指挥上，首先以兵车、猛士从正面展开突击，而后以甲士展开猛烈冲杀，一举打乱了商军的阵势，夺取了战争的胜利。

周朝建国之后，姜尚因灭商有功，被封于齐，都城营丘（今日昌乐县营邱镇驻地）。姜尚东行到自己的封地去，路上每宿必留，走得很慢。有人对他说："我听说过时机难得而易于失去，作为一个客人，安于路边旅店中的享乐，恐怕不像到自己封地上任的样子。"太公听了，夜里穿起衣服马上前行，天亮时到达营丘，正好遇到莱国的人来与他争夺营丘。姜尚在齐国政局稳定后，又开始改革政治制度。他顺应当地的习俗，简便周朝的繁文缛节。大力发展商业，让百姓享受鱼盐之利。于是天下人来齐国的很多，齐国成为当时的富国之一。在周成王时，管叔、蔡叔作乱，淮河流域的少数民族也趁机叛乱（参见周公东征），周王下令给姜尚说："东到大海，西到黄河，南到穆岭，北到无棣，无论是侯王还是伯男，若不服从，你都有权力征服他们。"从此，齐国成为大国，疆域日益广阔，使之成为后来的春秋"五霸"和战国"七雄"之一。战乱最终被周公姬旦给平叛。太公姜尚活了一百多岁而卒，但葬地不详。为逃避战乱，祖孙后代改姓了丁（因北方的姜与南方的丁同音）位于湖南常德一带。相传兵书《六韬》为姜尚所作，后人考证系战国时人依托于他的作品。但从现存的内容看，基本上反映的是姜尚的军事实践活动和他的韬略思想。司马迁在《史记·齐太公世家》中指出："后世之言兵及周之阴权皆宗太公为本谋。"由此看来，姜尚实为中国谋略家的开山鼻祖。

姜尚在合适的时机出仕，取得了千古伟业。

第五篇　飞箝^①第五

【题解】

所谓"飞箝"，其意犹如"捭阖"，不过这里侧重于笼络人才的意思。"飞"者，指使人敞开心扉自由言论的方法；"箝"者，本意指夹住，引申为"控制"，指使人不能自由活动的方法。飞箝之术，即先用动听诱人的话套住对方，从其言谈中察知真实意图，最后使对方为我所用或制伏对方。古往今来，任何人要成就大业，都必须有人才辅佐。取用人才的关键，就在于能准确权衡人的智能、才干和气质，并坚持正确的用人方法。也就是说，飞箝之术是一种引人之术、服人之术、用人之术。

凡度^②权^③量能，所以征远来近。立势而制事，必先察同异，别是非之语，见内外之辞，知有无之数，决安危之计，定亲疏之事，然后乃权量^④之，其有隐括^⑤，乃可征，乃可求，乃可用。

【注释】

①飞箝：飞，飞扬、褒奖。引申为使人敞开心扉自由言论的方法；箝，本意指夹住，引申为控制，飞箝指先用动听诱人的话套住对方，从其言谈中察知真实意图，最后使对方为我所用或制伏对方。

②度：度量，权衡。

③权：人的计谋。

④权量：权衡度量，计算长短轻重。

⑤隐括：隐伏不清之处。

【译文】

凡是善于度量人之权谋和考量人之才能，就能吸引远近人才为我所用。为统帅者，要造成一种声势，制定事业目标，这是网罗人才的前提。在"立势而制事"的前提下，考察此人与哪些人意见相同，与哪些人意见不一；考察此人对是与非的判断；考察此人对内对外的言辞有什么差别。通过这些可以得知此人的虚实有无。还可以令此人决定事关安危的计谋，考察其设谋决断的能力；还可以问此人与谁亲近和与谁疏远，考察其处理人事关系的能力。最后，把以上情况综合起来加以衡量，就可对此人的综合素质进行大致的判断。最值得重视的，是那些具有"可塑性"的人才。对于可塑之才，可以征召，可以聘请，可以使用。

【鬼谷智囊】

为统帅者，必须得到人才的辅佐，才可能成就大业。要得人才，首先要识人才，这就需要有鉴人之术，正如鬼谷子所言，"凡度权量能，所以征远来近"。为统帅者若不能鉴人识人，便是身边人才济济，也会视而不见。

无论一个国家还是一个企业，若要取得进步和发展，都要善于发掘和运用各种人才。作为领导者、统帅，要想取得成功，都必须善于发现人才，网罗人才，礼待人才，并且大胆使用，因才授职，尽其所长。如果不善用才，即使人才多如过江之鲫，对国家和企业也是起不到作用的。

网开三面拢人心

一日，成汤奉召觐见夏桀，当时成汤还在做部落酋长。他乘车路过杞邑，看见好多农人在田野里一面下网猎取鸟兽，一面祷祝着说："从天上坠落的、从地上生出的、从四方来的鸟兽啊！都坠落到我的网上吧！"

看见此种情形，成汤不禁慨叹道："君主残民以逞，百姓残酷不仁，人人都这样残忍，无怪乎国事日非，生灵涂炭。如果再这样，人类和鸟兽都将绝种了。"成汤于是将农人布下的网罗扯去三面，仅留一面，并且祷祝着说："禽兽蜘蛛做网以杀昆虫，从前蜘蛛织网，现在的人也学着织，本来就已觉得残忍。今天我成汤网开三面，恳请世界上的鸟兽们，想向左去的就向左去，想向右去的就向右去，想向高处去的就向高处去，想向低处去的就向低处去，我只捕取那些触犯天命、糊涂不怕死的。"他一边说一边不住虔诚地磕头祈祷。

网开三面的消息传到汉南地区的诸侯耳中，都称赞汤的仁德可以施与禽兽，必能施与诸侯，于是，四十多个国家都归顺了成汤。人用四面之网捕捉野兽而未必能得，成汤仅用一面之网使四十余国归顺，实际上是他的治国主张的反映，即施民以仁政。这就是他善于拉拢人才的表现。

引钩箝之辞①，飞而箝之。钩箝②之语，其说辞也，乍同乍异。其不可善者③，或先征之而后重累④，或先重以累而后毁之。或以重累为毁，或以毁为重累。其用⑤或称财货、琦玮⑥、珠玉、璧帛、采色以事之⑦，或量能⑧立势以钩之，或伺候见涧而箝之，其事用抵巇。

【注释】

①引钩箝之辞：钩是弯曲金属所做的钩针，比喻引诱他人的言论。

②钩箝：即为引诱和挟持。

③不可善者：即使运用钩箝之法也不能转移的人。

④重累：反复。

⑤其用：准备要采用时。

⑥琦玮：珍贵宝玉。

⑦以事之：给予试验。

⑧量能：测验，考察才能。

【译文】

先用话诱使人才说出实情，然后通过褒扬赢得其心，以此来箝持对方。引诱和挟持别人的言论是一种游说辞令，如何使用应根据谈话情况而定，或同或异，没有什么死规矩。对于那些暂时没法笼络的人才，可先把此人征召来，与之联络感情，以便感化之。感化他之后，可激发该人才充分发挥其能量。在助其发挥能量的过程中，再进一步联络感情。联络感情的方式因人而异，有的可赏赐财物、珍贵宝玉、珠宝、白璧和封地笼络他，有的可为展露其才能而创造气氛吸引他，有的可通过观察矛盾的迹象来控制对方，在此过程中要运用抵巇之术。

【鬼谷智囊】

风平浪静的时候，聚集在身边的人，不一定是真正的知己，可能事到临头，这些人就做鸟兽散了。但在危难之时能不离不弃，携手共渡难关的人却一定是真正值得珍惜的朋友。所谓"疾风知劲草，日久见人心"，说的就是这个意思。把人才当作朋友、知己一般对待，使其怀有知遇之感，自然不难赢得人才之心，从而为自己的事业加上一枚重重的砝码，这是古今中外无数成功者的成功秘诀。

在这里，鬼谷子对如何结交、笼络人才给出了自己的建议，除了利用财物、珠宝、封地等物质进行引诱外，他特别强调的是与人才联络感情、激发人才发挥能量等非物质的方法，这些在今天看来仍然颇具借鉴意义。

周文王造访姜子牙

商朝的末代国王纣，是个荒淫无耻、惨无人道的奴隶主头子。周文王姬昌看到纣王的昏庸腐败，决心讨伐商朝，取而代之。为此，他一方面广泛访求各方面的人才，常常忙得连吃饭的工夫也没有；一方面亲自率领老百姓在田间耕作，努力发展农业生产。当时许多有名的志士仁人，都被他招纳来了，连商朝的一些文臣武将，也不断跑来投奔他。但周文王感到还缺少一位既有雄才大略，又善于运筹帷幄的军事统帅，他就经常外出访求。

有一天，他以打猎为名，又到民间访贤。在渭水河边，他看见一个鹤发童颜、目光炯炯的老渔翁，坐在一块大石头上钓鱼，任凭马嘶人叫，丝毫不受惊扰。周文王跳下车来，拱手走到老渔翁面前，诚恳地和他攀谈起来，并向他请教对天下大势的看法。老渔翁从容不迫，口若悬河，从政治到军事，见解精辟，分析透彻。周文王喜出望外，把这位老渔翁请回，尊称为"太公望"。传说"太公望"姓姜，名尚，字子牙。他的祖先也是东方的贵族，但到他这一辈已经没落了，穷得吃了上顿没下顿。但他勤学好问，到处借书抄书，刻苦攻读，特别是对于军事学，他钻研得更加精深，造诣很深。但在暗无天日的商朝，他报效无门，直到七八十岁，仍不为人知。后来，他听说周文王访求人才，准备伐商，就从东方来到渭水之滨，并在周文王常打猎的地方钓鱼，一心等待周文王的来临，他一连钓了三天，竟没有一条鱼上钩。气得他把衣服脱了，帽子也扔了。有个农民对他说："要把钓线换成细一点儿、长一点儿的，鱼饵换成香一点儿的，下钩时手脚再轻一点儿，耐住性，沉住气，这样，鱼就上钩了。"姜子牙照办了，很快钓住了大鱼，还从中悟出了一个道理：同钓鱼一样，要想推翻商朝的残暴统治，就要力戒急躁情绪，一切要从长计议，悄悄地做好准备。只有这样，才能钓住商纣王这条"大鱼"。

周文王请到姜子牙后，立即拜为军师。他们一面对周围的小国恩威并施，团结、争取；一面整顿内政，鼓励生产，训练兵马。结果，使芮、虞等一些小国归附了周国，西边的犬戎和密须被征服了，这就为大军东进解除了后顾之忧。随后，他们便东渡黄河，吞并了邗、黎、崇等商朝的附属国，为进军商都朝歌（今河南淇县）扫清了障碍。正当他们准备向朝歌挺进时，周文王不幸病逝。姜子牙继续辅佐文王的儿子武王，统率浩浩荡荡得大军，在离朝歌七十里的牧野，与商军进行了决战。商纣的军队被打的大败，武王取代其成为一名仁君。周武王封姜子牙为齐侯，姜子牙就成了悫础战国时期各园的始相。

将欲用之于天下，必度权量能，见天时之盛衰，制①地形之广狭，岨嶮之难易，人民货财之多少，诸侯②之交孰亲孰疏、孰爱孰憎，心意之虑怀。审其意③，知其所好恶，乃就说④其所重，以飞箝之辞，钩其所好，以箝求之。用之于人，则量智能、权材力、料气势⑤，为之枢机⑥。以迎之随之，以箝和之，以意宜之，此飞钳之缀⑦也。

【注释】

①制：控制，引申为掌握、了解。

②诸侯：古代对中央政权所分封各国国君的统称。周朝分公、侯、伯、子、男五等。

③审其意：详细考察他们的思虑和希望。

④说：游说。

⑤气势：气概和声势。

⑥枢机：枢是门轴；机是枢纽。指关键和重点。

⑦飞箝之缀：缀，连结，缀合。这里是说飞箝之术的连带作用。

【译文】

如果想把自己的才华用之于天下，必须通过比较分析，了解各诸侯的权力和能量。要考察自然和社会以了解天地的盛衰，掌握地形的宽窄和山川的险阻，了解人民财富的多少。要考察各诸侯的交往中谁与谁亲密，谁与谁疏远，谁与谁友好，谁与谁相恶。综合分析以上情况之后，选择自己最佳的投靠对象。要详细考察和分析对方的想法和胸怀，审察其意向，了解其好恶，然后抓住对方最注重的问题游说他，先用"飞"的方法投其所好，说出能使他高兴的话，然后再用"箝"的方法控制他，使他信任你，重用你。如果想为人所用，首先要揣摩对方的智慧和才能，权衡其实力与气势，以此为突破口与对方周旋。如果决定投靠，就应有意识地适应对方，迎合其需求，随和其心意，为其谋划解决关键问题，从而把自己连缀到对方的事业上，这就是"飞箝"之术。

【鬼谷智囊】

古代的仁人志士，无不希望自己遇到英明之主，好充分发挥自己的才干。所以就有了"良禽择木而栖""良臣择主而侍"的俗语。用今天的话来说，就是要找到一个好的平台，得以发挥自己的才能，实现自己平生的抱负。每个人都有自己的专长，但要发挥它，必须找到合适的地方；如果找错了地方，专长就会变成短处。

毛遂自荐立大功

在发生在公元前260年的秦、赵长平之战中，赵国惨败，四十万人马全军覆没。主将赵括阵亡，强悍的秦军长驱直入，公元前257年秦军又率兵将赵国都城邯郸团团围住，赵国危在旦夕。赵孝成王见情况十分危急，焦灼不已，惊惶万分，急忙委派他弟弟平原君出使楚国，去搬救兵。

事关重大，赵国存亡，在此一举，平原君经过深思熟虑，决定从自己的千余名门客中挑选出二十个精明能干、能文善武、足智多谋的人随同前往。但他横挑竖拣，只选中十九名，差的一人却再也挑不出来了。

这时，有个名叫毛遂的门客主动站了出来，对平原君说："请让我跟您同去吧，哪怕是凑个数也好。"

毛遂在平原君门下已经三年了，一直默默无闻，总得不到施展才能的机会。平原君看到这张面孔，觉得很陌生，问："先生来我门下几年了？"

毛遂说："三年了。"

平原君摇摇头说："不行。一个有才能的人在人群之中，就好比把锥子装进口袋，锥尖很快就会穿破口袋从里面钻出来，自然脱颖而出。你来了已经三年，可是我从来没有听见有人称赞过你，可见你并无什么过人之处。你不能和我一起去楚国行使如此重大的使命。"

"您说的并不全对，"毛遂据理力争，"不是因为我不够优秀，而是我从来就没有能够像锥子那样放进您的口袋里。要是早就放进口袋的话，我敢说，不光是锥尖露出口袋的问题，就连整个锥子都会像禾穗一般全部露出来。"

平原君觉得毛遂的话倒也有理，便答应毛遂作为自己的随从，连夜赶往楚国。同行的十九个门客，一开始都很轻视毛遂，但在一路的交谈中，他们发觉毛遂思维敏捷、聪明伶俐。

事实果不其然，当赵、楚谈判陷入僵局、一直没有一丝进展的时候，随同前往的20个人中有19个不知所措，而毛遂鼓足勇气，手按宝剑，大踏步跨到台上，在盛气凌人的楚王面前慷慨陈词，申明大义。他对两国利害关系精辟深刻的分析深深打动了楚王的心，终于打开了新的局面，以三寸不烂之舌说服了楚王，促使楚王和平原君当场缔结盟约。不久，楚王派军队支援赵国，终于解开了邯郸之围。

平原君在事后感慨地说，"毛遂的三寸不烂之舌，真抵得过百万大军呀！他一到楚国，我们赵国的威望就大大提高。我观察的人才不算少了，可是以前我竟没发现毛先生啊。"

毛遂自荐，终于为自己找到了一个发挥的平台。

用之于人①，则空②往而实来，缀而不失，以究其辞。可箝而从，可钳而横；可引而东，可引而西；可引而南，可引而北；可引而反，可引而复。虽覆能复，不失其度。

【注释】

①用于人：用在对人的关系上。

②空：好听的空话。

【译文】

如果把"飞箝"之术用于他人，可用好听的空话去套出对方的实情，通过这样连续行动，来考究游说的辞令。这样就可以实现合纵，也可以实现连横；可以引而向东，也可以引而向西；可以引而向南，可以引而向北；可以引而返还，也可以引而复去。虽然如此，还是要小心谨慎，不可丧失其节度。

【鬼谷智囊】

找到了一个好的平台之后，自然希望得到别人的重用。这时，就不能空逞口舌之能，还必须做出实际的业绩来。这就是鬼谷子所说的"空往而实来"的道理。如若不然，就会像诸葛亮舌战群儒时讥讽张昭的那样，"坐议立谈，无人可及；临机应变，百无一能"。那岂不又有"纸上谈兵"之嫌了。

最后，当功名升到一定的程度，就不该再有野心了。如若再升就有逼上的嫌疑，这时就需要妥善处理自己的地位与升进之间的矛盾。此时应该好好经营自己的那份事业，用自己的功劳，铺垫好今后的路，免得自己的基础不牢靠。如果当止不止，很可能会引火烧身。太平天国的东王杨秀清就是因为这样而遭杀身之祸的。由此可见，我们需要在谨慎和进取二者之间找到一个平衡点，使前进的路途更加平坦通畅。

卜式以羊喻人位居高官

汉武帝曾经多次派出将领出击匈奴，军费开支庞大，导致国库空虚，汉武帝想尽了各种敛财方法以后，仍然入不敷出。

河南郡的牧羊人卜式得知此事，便书奏皇上，愿意捐出一半家财资助边防。卜式长期以种田、畜牧为生，父母亲死后，他和弟弟分了家，把田地、住宅等财物全都给了弟弟，自己只要了一百多头羊，入山放牧。十年后，卜式放牧的羊达到一千多头。有了经济实力，他便想到了资助国家抗击匈奴。

汉武帝阅罢上书，没见过这样的人，也不完全相信他，便派出使者去查个究竟。

使者问卜式说："你捐出资财，是想做官吗？"卜式回答说："我从小牧羊，从来没学习过做官，也不愿意。"

使者又问道："你是不是家里有什么冤屈，想借此申诉？"卜式答道："我生来不与人争，别人需要我帮助的地方我就尽力相助，对品行不好的人，我就加以劝导，大家和我的关系都很好，没有纷争，我哪里有什么冤情可申诉呢？"

使者很纳闷，问道："那么你这样做究竟是图什么呢？"

卜式诚恳地说："现在国家有难处，出兵讨伐匈奴而缺经费，我以为英勇善战的人应该在疆场上为国尽忠，有钱的人应该捐献钱财支援国家，这样，匈奴就肯定会被我大汉朝打败的。我只是怀有这个志向，并不是贪图什么。"

使者返回朝廷后，如实地把卜式的话做了汇报。皇上把这件事情又讲给丞相公孙弘听，公孙弘却认为卜式是图谋不轨，他说："这不合乎人之常情。不能把作为这样不守本分的人榜样给予宣扬，否则会让秩序混乱。希望陛下不要接受他的捐献。"

汉武帝也糊涂了，一时间认为公孙弘说得很有道理，于是拒绝了卜式，让他归家继续牧羊。

一年多以后，汉朝的军队又多次出击匈奴，浑邪王等匈奴人来投降汉朝，国家的开支很大，仓库都空了。山东地区旱情严重，人们流离失所，吃穿全靠国家，政府负担沉重，入不敷出。这时，卜式拿出二十万钱交给河南太守，用来接济贫苦移民。河南太守把资助贫民的富人的名单登记在册，上报朝廷。

汉武帝看到卜式的名字，想起了他一年前就想捐献一半家财资助国家的往事，为他的爱国忠心所感动，于是，天子立即赐给卜式戍边徭役四百个名额，有这种名额的人可以免于上战场，卜式当时可以把这些名额按每个三百钱出售，可是卜式在得钱后，又把这些钱捐献给国家，以供地方财政之需。

汉武帝终于认定卜式是个德行高尚的长者，尽管卜式不愿意当官，但还是请他来京师当了中郎官，赐给他左庶长的地位，赏赐良田十顷，并把他的事迹昭告天下，让全国的老百姓以他为典范。

卜式对于汉武帝所赐官职，执意要辞去。汉武帝见他是真的不愿做官，就对他说："你不必辞官，我在上林（朝廷的园林）中有一群羊，你去给我放牧吧。"

卜式这才接受了任命，身披麻布衣服，脚穿草鞋，在上林苑里辛勤地放牧羊群。

一年以后，羊群不仅个个膘肥体壮，并且繁殖发展很快。

汉武帝到上林苑来游玩，看到卜式放牧的羊群，禁不住连声称赞。卜式借此机会对皇帝说："治理百姓也就像放牧羊群一样啊，要让他们按时起居劳作，出现坏种就要及时淘汰，不能让他败坏了一大群。"汉武帝一听大吃一惊，认为卜式绝非普通的牧羊人，而是个有本领的人，只让他为自己牧羊实在太屈才，回宫后便发出诏令，任命他为缑氏县令。缑氏县人都感到他治理有方。皇上不久又调任他到成皋县当县令，他到任后，勤政爱民，政绩显著。

此后，卜式又被提任为"齐王太傅"，转而又提为刘王相，协助齐王治理政事。卜式以牧羊为生，后来却当上了"牧民"的官吏，而且还得到皇帝的赞赏，也许他真是按照放牧羊群的道理来行事的治理百姓吧。

卜式得到了皇帝的重用，并没有辜负皇帝的信任，而运用了牧羊的道理，治理好了自己的百姓。

第六篇　忤合^①第六

【题解】

忤合，本意指违背一方的意愿，而合于另一方的意愿。"忤合"的实质是"以忤求合"，指在处事、论辩或游说中，要准确判定形势，灵活决定自己的立场，以求实现自己的目标。鬼谷子认为，万物皆在变化中，变化才有发展，正所谓"世无常贵，事无常师"。因此，做人办事要灵活应变，以发展为终极目标，而不拘泥于固有的观念。施用"忤合"之术，首先要认清自己的前途，知道该联合谁，反对谁，同时有针对性地研究具体事物，做到"知己知彼"，这样才能进退自如，游刃有余，将主动权牢牢握在自己的手上。

凡趋合倍反^②，计有适合。化转^③环属^④，各有形势^⑤。反覆相求，因事为^⑥制。

【注释】

①忤合：忤，抵触、背逆。合，符合，不违背。忤合，在这里是指以忤求合，先忤后合。

②趋合倍反：趋合是趋向合一，相当于"合"；倍反是背逆，相当于"忤"。倍，通"背"。

③化转：变化转移。

④环属：像铁环一般连锁起来而没有裂缝。

⑤形势：事物变化发展的态势。

⑥因事为制：因，依据、凭借；制，法则，法度，控制。

无论是联合还是对抗的行动，均要有合宜的计谋。所向与所背的双方，就像圆环一样旋转而无中断，各有自己的形势。对于各方的具体情况，应反复进行研究。根据事态的发展，决定自己的态度。

【鬼谷智囊】

在纷繁复杂的社会生活中，当彼此对立的各方都邀请自己加入的时候，应该接近谁？远离谁？弄清这一点是很重要的。鬼谷子给出的答案是"因事为制"，也就是根据事态的发展来决定。借用一句名言来说：我们没有永远的朋友，也没有永远的敌人——凡事要根据形势来判断，这也是鬼谷子思想的精髓。

伍子胥借吴兵报父仇

春秋末期，楚平王熊居立了长子建为太子，派伍奢做太子太傅，费无忌任太子少傅，共同教育太子。费无忌心胸狭窄，嫉妒太子的耿直、正派，不忠于他，日夜在平王面前诋毁太子。伍奢知道费无忌在楚王面前进谗言诬陷太子，便提醒楚平王不应因谗贼小人的话而疏远骨肉至亲的关系。但费无忌说："现在大王不制止，他的阴谋便要得逞了。"平王听信谗言，囚禁了伍奢。

费无忌想趁机让伍奢绝后，就又在平王面前说："伍奢的两个儿子，都很贤能，又怀有二心，如不及时杀掉，后患无穷。可以把他们的父亲作为人质，把他们招来一并审讯。"

平王派使者让伍奢把两个儿子叫来，否则就要处死他。伍奢回答说："长子伍尚为人仁慈，我叫他，一定会来。次子伍子胥刚正不阿，胸怀大志，是成大事之人，他势必想到来了一并被捉，不会来的。"

平王不听伍奢的话，派人去召伍奢的两个儿子，威吓说：

"你们如果来，就让你父亲活；不来，现在就叫他死。"伍尚想要前往，伍子胥便说："楚王召我们前去，只怕绝非是想释放父亲，而是要加害于我们，斩草除根，以除后患。因为费无忌现在忌惮杀了父亲后，你我会成为后患，尚不敢杀害父亲，因此拿父亲当人质，欺骗我们二人前往。我们两个去了，不仅对父亲的死无济于事，还会同父亲一块被处死。反而报不了杀父之仇！你我不如暂且逃亡到其他国家，借别国的力量为父报仇雪耻，否则徒死无益。"

伍尚却仍难改初衷："我知道去了也不能保全父亲的生命，但是，父亲身陷囹圄，叫我前去赎救，我如果不去，以后又不能报仇雪耻，终究为世人所耻笑。我意已决，将去投身就死，我的才能远不及你，你可以逃走，日后替父亲报仇，等到你报了杀父之仇的时候，我也会含笑九泉。"于是伍尚与伍子胥诀别，随着使者同往都城。使者又要逮捕伍子胥。伍子胥拉满弓弦，箭在弦上，使者不敢前进。

平王随之派人杀死伍奢、伍尚父子，并全国通缉伍子胥。伍子胥便逃往宋国，想去跟随太子建。伍奢听说伍子胥逃跑了，便说："楚国的君臣们将要饱受战争之苦了。"

伍子胥到宋国时，宋国正经历着一场空前的内乱，华氏争夺王位，伍子胥见到了太子建和其子胜，就与他们共同逃到郑国，受到了热情的接待。太子建又到晋国，晋顷公请他做内应，里应外合，共同消灭郑国，并许以重酬。太子又回到郑国，事情还未准备妥当，当时太子因私事的缘故，与跟随他的侍者结仇。侍者知道太子的阴谋，就向郑国报告。郑定公立刻处死了太子建。

伍子胥与太子的儿子胜侥幸逃脱，最后决定逃往楚国的宿仇吴国。而要逃到吴国，必须经过楚国。到了昭关，昭关的守吏想要拘捕伍子胥，前有守军和大江挡路，后有追兵，伍子胥与胜只得暂时来到江边，江中漂来一只小渔船，渔父帮忙把伍子胥渡过了江。伍子胥过江后从腰间解下祖传三世的宝剑，欲将此价值千金的宝剑赠给渔父以致谢，但渔父最终没有接受。

伍子胥过了昭关，历经宋、郑等国，到了吴国，吴王僚正当权，公子光为大将，就是后来继承吴国君位的阖闾。伍子胥受到公子光的接纳，便借与公子光的关系求见吴王。

伍子胥辅助吴军攻打楚国，吴国军队终于攻破了楚国都城郢城，这时楚平王已经死了，伍子胥就挖掘楚平王的坟墓，把楚平王的尸体挖了出来，用鞭子抽打解恨，一直抽了三百下才罢手，终于为父兄之死报了仇。

根据当时的形式，伍子胥巧借着楚吴之间的矛盾，报了自己的大仇。

是以圣人居天地之间，立身、御^①世、施教、扬声、明名也，必因^②事物之会，观天时之宜，国之所多所少，以此先知之，与之转化。

【注释】

①御：驾驭。

②因：根据，把握。

【译文】

圣人生于天地之间，立身处世，都是为了驾驭社会，教化人民，传播学说，宣扬名声。他们必须把握事物的发展机遇，观察自然和社会气候是否相宜，国家哪些方面有余，哪些方面不足，由此做到先知其情，然后运用计谋，促进事物向有利的方面转化。

【鬼谷智囊】

每个人都追求成功，但真正的成功者却只占少数。有人觉得疑惑，自己的勤奋程度与那些成功人士相比，应该是半斤八两甚至犹有过之，为什么至今未能成功？那答案很可能是这样一个词——机会。善于把握机会，是成功人士必备的素质之一，这就是鬼谷子所说的"因事物之会"。事业成功的法则，就是看到机会来了以后，立即伸手抓住，采取相应的行动，绝不拖延时间。路是人走出来的，越早一步走这条路，成功的目标就越早一天达到。

秦王把握时机灭六国

兵法中讲"知己知彼，百战不殆"，指的是要了解自己和对方的情况，然后定下战争的策略，才能百战百胜。而中国古代战争最讲究"天时、地利、人和"，协调这些因素以取得战争的胜利。

战国末期，秦王嬴政，也就是后来的始皇帝奋六世之余烈，苦心经营吞并别国，已经完全具备了统一的条件，占尽天时、地利、人和，发动统一战争只是迟早的事情。

秦王政因幼年在赵国时受屈受辱，决意要拔掉赵国，所以在灭亡韩国后第二个目标就是攻战赵国了。赵国地处中原北方，疆域与燕国、齐国、韩国、魏国接壤。如秦国攻韩、魏两国得手的话，赵国则是中原地区唯一可与秦国对抗的敌人。赵国的变法主要是侧重于军事改革，最有成就的变法者是赵武灵王。为了富国强兵，改变被动挨打的局面，赵武灵王向北方能征惯战的草原民族学习，胡服骑射，改制军队。赵武灵王不顾贵族集团竭力反对，坚持胡服骑射的军事改革。赵武灵王的改革是成功的，赵国的军事实力因此大为增强。

赵武灵王去世之后继位的赵武灵王之子赵惠文王仍是个有为之君，他任用良将廉颇、赵奢，贤相蔺相如等人，保持国力强盛。但赵惠文王之子赵孝成王却昏聩无能，任用只会纸上谈兵的赵括为将，导致长平之战的惨败，从此元气大伤，对秦国的进攻只有招架之势，没有还手之力。但在秦王政时，赵国尚有一定力量可与秦对抗仍。秦赵一直相恶，战争不断，赵国一直想报长平之仇，而国内赵王却昏庸无能，宠爱官臣郭开等人，又贪恋宠物，不理朝政，也就无力抗击秦国的进攻。幸得名将李牧拒守边疆，才保暂时平安。

同样为战略交通要道的魏国，主要地区为今山西西南部的河东、河南北部一些地方以及山西东南部。魏国地势平坦，四面都与诸侯国相连，南与楚邻，东接韩国，北面是赵，西临齐国，四通八达，也没有名山大川的阻挠，适合于阵地战和野战。所以秦国的第三步要灭魏国，打通通向各国的通道。魏国虽率先进行全方位的改革，是战国时代变法最早、取得成果最大的国家，但魏国的腐朽政治势力始终没有被彻底清除干净，由于他们不断打击改革派，魏国没能保住变法的成果，魏国。虽然曾经称霸一时，但是改革事业不彻底，必然走下坡路，而今却成了苟延残喘的弱国。

秦国自秦献公以后，便开始向魏国大举进攻，秦军经过雕阴、百门、安邑、伊阙、北宅、安城、华阳等战役，不仅占领了魏之河西、河东等地区，而且可以直取魏都大梁，切断了山东六国合纵之腰部地带，将燕、赵与楚、韩隔绝开来。至秦王政初年，魏国只剩下国都大梁及附近一些城邑，疆域日渐缩小，国力日衰，完全无力与强秦对抗。

地处北陲的燕国，都城在蓟（今北京市西南）。燕昭王时，为了雪亡国之耻，决心变法图强，广招贤才，提拔了一大批得力的属下干将。在杰出的军事家、战国名将乐毅的改革下，燕国经过二十八年的休养生息，国力大增。公元前284年，乐毅被拜为上将军，辅佐燕昭王振兴燕国，联合秦、楚、韩、魏、赵五国攻齐，一路上势如破竹，连攻下七十余城，最终占领齐首都临淄，报了强燕伐齐之仇。燕昭王死后，燕惠王立，齐将田单散布谣言，诬陷乐毅，使子惠王改用骑劫为将。齐将田单用火牛阵大破燕军，当年被夺走的七十余城全都一一被收回，使得燕昭王和乐毅的努力尽数付之东流。燕惠王这才想起找回乐毅，但大势已去，燕国从此一蹶不振。不但如此，燕王喜时，非但不与近邻赵、齐建立友好的关系，共同对付强秦，却不知好歹地与赵多次交战，屡被赵国所败，损兵折将，国力更为削弱。至秦王政时，燕已成为山东六国中仅仅略强于韩的弱小之国，即使倾尽一国之力，也根本无法与强秦抗衡。

秦国对楚齐两个大国施行的是"远交近攻"策略。

在战国七雄中，楚国的疆域是最大的。楚庄王曾是春秋五霸之一，楚国也是春秋至战国中期实力最强的国家之一。所谓"横成则秦帝，纵成则楚王"的说法，证明了当时楚国的实力。吴起认为楚国的主要问题是"世卿世禄"制度问题，此制度造成楚国的军政大权始终掌握在政治上昏庸腐败的贵族之手，所以吴起的变法重点集中在打击楚国的贵族势力。不过，尽管吴起在楚悼王的支持下，大刀阔斧地实施改革，在楚国进行了长达十年之久的变法活动，变法也取得了比较明显的成效，但变法成果却难以得到巩固。公元前381年，楚悼王死，保守派立即发动宫廷政变，吴起因为变法得罪了旧权贵，最终被杀，为改革事业而牺牲。吴起的改革几乎都被废除，变法取得的成果仅是昙花一现。故楚国的政治、军事、外交始终没有多大起色。

与楚相反，秦行商君而富强，秦国自商鞅变法以后逐渐强大起来。秦国在与楚国的战争中连年得手，在丹阳战役、蓝田战役、垂沙战役、鄢郢战役之中，楚国一败再败，特别是鄢郢战役让楚王被迫迁都于陈（今河南淮阳）。而后，在秦国的威慑下，楚又被迫先后迁都于巨阳（今安徽阜阳北）、寿春。三次迁都，挫伤了楚国的民心士气。楚国已徒具强楚之名，只有招架之力，再无还手之功，无力再向西攻秦。楚国一败再败的同时，正让秦国的士气高涨，加上打通了南面的道路，攻楚也只是朝夕之间。

齐国离秦最远，而且战国晚期，齐仍保持着强盛的地位，秦国对它有一定的忌惮，也就把它作为最后一个攻占目标。齐桓公曾经任用管仲为相，进行改革，并且打着"尊王攘夷"的旗号，"九合诸侯，一匡天下"，从此国力日渐强大，成为中原霸主。至齐威王时，邹忌为相，广开言路，改革政治，发展经济，齐国更加强大。桂陵、马陵之战所取得的巨大胜利，有力地证明了变法的巨大威力。变法带来的国力优势在齐湣王时达到了高峰。公元前288年，秦、齐相约并称东、西帝，成为当时主宰时局的两强。但所憾的是，齐湣王被胜利冲昏了头脑，导致燕国联合秦、韩、赵、魏攻齐，齐受重创，元气大伤，无力与强秦抗衡，旋即放弃了帝号。齐王建时，齐国已徒具东方强国之虚名。齐国君臣目光短浅，苟且偷安，不思秣马厉兵，再图复兴，任凭强秦灭五国，而不与其合纵抗秦，只坐山观虎斗，再加上四十余年不兴兵，军队缺乏训练，人心并无斗志，国家重臣又被秦国所买，国无贤臣良将，只有坐以待毙。

世无常贵，事无常师。圣人无常与，无不与；无听，无不听。成于事①而合②于计谋，与之为主③。合于彼而离于此，计谋不两忠，必有反忤④。反于此，忤于彼；忤于此，反于彼。

【注释】

①成于事：做好要做的事。

②合：实现或符合。

③主：重要的，主要的。

④反：此处当"顺从、合乎"解释。

世上没有永恒显贵的事物，事物没有永恒效法的榜样，圣人做事总是顺乎客观规律，所以无所不为；圣人所听的都是客观真理，所以无所不听。做好要做的事，重要的是不违背定下的策略。如果计谋合于彼方的利益，则一定会背离此方的利益。不可能同时效忠于对立的双方，必然有合有忤。合乎此方的意愿，就要违背彼方的意愿；违背彼方的意愿，才可能合乎此方的意愿。这就是"忤合"之术。

【鬼谷智囊】

鬼谷子所说的"忤合之道"，绝不是风吹两边倒式的"骑墙"，而是有原则、有立场的行为。

孙膑装疯卖傻脱虎口

战国时，孙膑与庞涓同为鬼谷子弟子，共学兵法，曾有八拜之交，结为异姓兄弟。但两人性格迥然不同，庞涓为人刻薄寡恩，孙膑则忠诚谦厚。

一年，庞涓听说魏国正在高薪招贤，访求将相，不觉心动，就辞行下山。临行，孙膑相送话别，庞涓说："我与兄有八拜之交，誓同富贵，此行若有进身机会，必为兄举荐，共立大业。"

庞涓到了魏国，魏惠王见他一表人才，韬略出众，便拜为军师，东征西讨，屡建奇功，败齐一役，声震诸侯，诸侯忙相约联翩来朝，庞涓之名，惊动各国。

庞涓虽显赫不可一世，却还妒忌着一个人，那就是他的义兄孙膑，他认为孙膑有祖传的"孙子十三篇"兵法，胜己甚长，一旦给予机会，必将会压倒自己，因而始终不予举荐。

鬼谷子与墨翟相好过从。一次，墨翟往访鬼谷子，见到孙膑，交谈之下，叹为兵学奇才。

墨翟到了魏国之后，在魏惠王面前举荐孙膑，说他独得其祖孙武之秘传，天下无有对手。惠王大喜，知孙膑与庞涓是同窗兄弟，就命庞涓修书聘请。

　　庞涓明知若孙膑一来，必然夺宠，但魏王之命，又不敢不依，乃遵命修书，遣使往迎。

　　鬼谷子深通阴阳之术，算知孙膑之前途得失，但天机不可泄漏，只好在他名上加一"月"字，孙膑，原为孙宾的。并给其锦囊一个，吩咐必须到危急时候方可拆看。

　　孙膑拜辞先生，随魏王使者下山，登车而去。见了魏王，叩问兵法，孙膑对答如流，魏王大悦，欲拜为副军师，与庞涓同掌兵权。

　　庞涓却说："臣与孙膑，同窗结义，膑实臣之兄，岂可以兄为副？不如权拜客卿，候有功绩，臣当让位，甘居其下。"于是拜孙膑为客卿。

　　从此，孙庞两人又频相往来了。但此时相处，没有当年那样真挚。因为庞涓心怀鬼胎，欲除义兄而后快，却以孙膑熟读孙武兵法，待其传授后才下毒手。

　　不久，孙庞二人在魏王面前摆演了一次阵法，庞涓不及孙膑，就怀恨在心。庞涓经过一番策划，制造了孙膑私通齐国的假象，并报告给魏王。魏王一听，大怒，乃削去孙膑官职，发交庞涓监管。庞涓又进一步落井下台，私奏魏王，将孙膑的一对膝盖削去。

　　孙膑并不知道这一切都是庞涓所为，他还为庞涓在魏王面前为自己求情而感激万分呢，就答应了庞涓的要求，在竹简上刻祖传的《孙子兵法》。

　　没料，庞涓派去照料孙膑的仆人咸岸是个仗义之人，把这一切全告诉了孙膑。

　　孙膑知道了庞涓害他，大吃一惊，兵法当然不能继续刻了，但若不刻，必死无疑。情急之中，打开了临别时鬼谷子送的锦囊，见里面有一幅黄绢，上写"诈疯魔"三字。孙膑顿时有了主意。

晚上，饭送了上来，孙膑正举着筷子，忽然仆倒在地上，做呕吐状，一会儿又大声叫喊："你何以要毒害我？"接着把饭盒推倒在地，把写过的竹值，全扔进火炉，口里便语无伦次地骂起来。

看守不知是诈，慌忙奔告庞涓，次日庞涓来看，见孙膑痰涎满地，伏地哈哈大笑，忽然又大哭。庞涓问："兄长为何又哭又笑呢？"

孙膑说："我笑魏王想害我命，而不知我有十万天兵保护；我哭的是魏国除我孙膑之外，无人可当大将。"说完，瞪眼盯住庞涓，复叩头不已，口叫："鬼谷先生，你救我一命吧！"

庞涓说："我是庞涓，你不要认错人！"

孙膑拉住他的袍子，不肯放手，乱叫道："先生救我！"

庞涓无法脱身，只好命令左右将孙膑扯脱，才回到住地去。

庞涓回到住地，心中还很疑惑，认为孙膑很可能是做癫扮傻，想试探其真假。他命令左右把孙膑拖入猪栏里。猪栏中粪秽狼藉，臭不可闻，孙膑披头散发，便若无其事地倒身卧落屎尿中。不久，有人送来酒食，说是偷偷瞒过军师送来的，是哀怜先生被刖之意。孙膑一看就知道是庞涓玩的鬼花招，怒目大骂道："你又来毒我吗？"一把把酒食打翻在地。使者顺手拾起一截猪屎给他，他拿起就送到嘴里，有滋有味地嚼着，并吞进肚里。

使者把情况回报给庞涓，庞涓说："他已真狂了，不足为虑矣。"从此对孙膑不加防范，任其出入，只派人跟踪而已。

孙膑这"疯子"行踪无定，早出晚归，一直把猪栏当作卧室。有时爬不动了，就睡在街边和荒屋中，随便捡到什么就往嘴里塞，魏国人都以为他真疯了。

这时，墨翟云游到了齐国，住在大臣田忌家里，其弟子禽滑也从魏国来。墨翟问他："孙膑在魏国得意与否？"

"可惨了，已经疯了。"禽滑遂将孙膑被刖膝之事说了一遍。

墨翟听后大惊，说："我当时是想推荐他，没想到反而把他害惨了。"

墨翟心中明白，孙膑一定是在装疯等待机会。于是，他把孙膑的才华及庞涓妒忌之事，告知田忌。田忌又告知齐威王。齐威王听说本国有如此将才，见辱于别国，十分气愤，说："寡人即刻发兵迎孙膑回国！"

田忌却说："投鼠须忌器，孙膑既不见容于魏国，又怎么容他回齐国呢？此事只可以智取，不可以硬碰。"

齐威王于是令客卿淳于髡为使，禽滑做随从，以进贡茶叶为借口，到魏国去相机行事。

淳于髡到了魏国见过惠王，说了齐王对他的敬意，惠王大喜，把他们安顿到迎宾馆住下。随从禽滑私下去找孙膑。一天晚上，找到了，见孙膑靠坐在井栏边，对着禽滑瞪眼不语。禽滑走到近前，垂泪细声说："我是墨子的学生禽滑，老师已把你的冤屈告之齐王，齐王命我跟淳于髡假以进茶为名，实欲偷偷带你回齐国去，为你报此刖足之仇，你不必疑及其他。"

好一会儿，孙膑才点头，流着泪说："唉，我以为今后永无此日了。今有此机遇，敢不掬心相告。只是庞涓疑虑太重，恐怕你们带不走我。"

禽滑说："这你放心，我已经计划好了，到起程时我会来亲自相迎。"同时约好第二天碰头地点及时间才离去。

次日，淳于髡一行要回国了，魏王置酒相待，庞涓也在长亭置酒饯行，但禽滑已在前一夜把孙膑藏在温车里，叫随从王义穿起孙膑的衣服，披头散发，以稀泥涂面，装作孙膑的模样在街边坐着，瞒过了盯梢的，也瞒过了庞涓。

禽滑驱车速行，淳于髡押后，很快就把孙膑载回了齐国。过了几天，那位假孙膑也偷跑回国。跟踪的人见孙膑的脏衣服散在河边，报告庞涓，都认为他已投水死了，根本没想到他会回到齐国去。

孙膑回国，仍不出名，不露面。后来赵魏交战，孙膑以"围魏救赵"之计，大败庞涓。韩魏之役，孙膑再以"增兵减灶"之计，诱敌深入，终于诱敌深入，终于把庞涓射死在马陵道上。

孙膑为了保全性命，佯装疯傻、躲过了庞涓的追杀。

其术也。用之于天下，必量天下而与之；用之于国，必量国而与之；用之于家，必量家而与之；用之于身，必量身材能①气势而与之。大小进退，其用一也。必先谋虑计定②，而后③行之以飞箝之术④。

【注释】

①材能：才质和能力。

②计定：确定计谋。

③而后：然后。

④飞箝之术：钳制对方之术。

【译文】

如果将忤合之术用之于天下，一定要把整个天下都放在"忤合"中进行权衡，然后为之计谋；如果将忤合之术用之于国家，一定要把整个国家都放在"忤合"中进行权衡，然后为之计谋；如果将忤合之术用之于家族，一定要把整个家族都放在"忤合"中进行权衡，然后为之计谋；如果将忤合之术用之于个人，一定要把此人的才能气势都放在"忤合"中进行权衡，然后为之计谋。总之，运用忤合之术的范围或大或小，方式或进或退，其功用是相同的。做事之前，一定要预先谋划、分析、定好计谋，然后再运用飞箝之术。

【鬼谷智囊】

一个人生于世间，有无数种志向可供选择。首先应该弄清楚的问题是：到底我想拥有多大的舞台？鬼谷子认为，不管你的舞台有多大，都要事先有所权衡。

认识到自己的舞台，就要有否定现状，不断追求的决心。不安于现状是滚滚向上的车轮。一个人无论什么时候都不能够满足于现状，只要生存在人世间，就要不断地进取，否则就可能被不断发展的社会所淘汰。那些满足于现状的人认为，待在原地不动，就永远保险，其实不是这样，一切都在发展，待在原地不动就已经意味着落后。

有志不在年高

战国时期，秦王实行连横之术，派遣大臣蔡泽去燕国拆散燕国和赵国的联盟。燕王听信蔡泽的话，叫太子丹去秦国做人质，又请秦王派一个大臣来燕国当相国。秦国的文信侯吕不韦想派张唐到燕国去。没想到张唐拒绝说："曾为秦昭王率军攻打赵国并占领了大片的土地，赵王对我恨之入骨，声称如果有人杀死我，就赏赐给他一百里土地。现在去燕国一定要经过赵国，我不能够去白白送死。"

吕不韦无计可施，闷闷不乐地回到家，伺奉他的家臣是个12岁的孩子，名叫甘罗，自幼聪明伶俐，智慧过人，是有名的大臣甘茂的孙子。他听说这件事以后，甘罗就自告奋勇，愿去劝说张唐去赵国赴任。吕不韦于是责备他道："小孩子不要口出狂言，我自己请他，他还不去，何况你小小年纪，难道他会听一个小孩子的话？"

甘罗噘起嘴，不服气地说："从前项橐7岁就做了孔子的老师，我现在已经12岁了，你就不能让我试一试吗？我要是请不动他，您再骂我也不晚哪！"

吕不韦见他语气坚定，只好无奈地摇摇头，放缓了口气说："那么，你就去试试吧。"甘罗也就高高兴兴地走了。

甘罗来到张唐家里，见了张唐问道："你和武安君白起相比，谁的功劳更大啊？"

"武安君英勇善战，南面攻打强大的楚国，北面扬威于燕赵，夺取的城池不计其数，每战必胜，功绩显赫。我怎么敢和他相比啊！"张唐说。

"那么文信侯跟应侯范雎比起来，谁的权力大？"甘罗又问。

应侯是秦国以前的一位丞相，文信侯即吕不韦。张唐说："应侯当然不如文信侯的权力大。"

甘罗说："我听说，应侯范雎要攻打赵国，武安君反对他，不愿意去，武安君离开咸阳七里就被应侯派人赐死，现在，文信侯亲自请您上燕国当相国，将军却坚决不干，您想文信侯会容忍吗？看来您的死期不远了。"

张唐听了这话，不由得大惊失色，直冒冷汗，慌忙叫人整理行装，准备出发。甘罗见状又说："如果你愿意去燕国的话，我愿意替你先到赵国去一趟。"

甘罗回去把情况告诉吕不韦，吕不韦听了很高兴。甘罗又对吕不韦说："张唐已经答应了，准备出发去燕国，可他是还有点怕经过赵国时会遇到麻烦，我想替他先到赵国去一下，请丞相借给我五辆车子。"吕不韦答应了。

几天后，甘罗到了赵国。赵襄王早已听说秦国准备派人到燕国为相了，就到城外迎接秦国派来的外交官。赵王见了甘罗，心里暗暗称奇：秦国怎么派了这样一个小孩子来？

甘罗问："大王是否听说过燕太子丹入秦为质这件事？"赵王说："我知道。"

甘罗又问："张唐要到燕国为相，大王知道吗？"赵王也表示听说了。

甘罗说："既然这些大王都听说了，就应当明白贵国所处的地位啊。燕派太子丹入秦为质，说明燕国不欺骗秦国；秦国派张唐去燕国当相国，是秦国信任燕国的标志。燕秦不相欺，赵国就危险了。秦燕两国友好联盟，就是为了夹击贵国，想占贵国的河间之地。这样看来，贵国未来的命运岌岌可危啊！我不忍心看到赵国的百姓生灵涂炭，为了避免战争，您还不如将靠近河间的五座城池割让给秦国，我可以回去劝秦王取消张唐的使命，不让张唐去燕国，并送还燕太子，断绝和燕国的联盟，咱们两国结成友好邻邦。到那时你们攻打燕国，秦国决不干涉，你们赵国所得又岂止失去的五座城呢？"

赵王觉得这话很有道理，就赏给甘罗黄金百两、白玉一双，并且把送给秦国的五座城池之图让他带回给秦王，于是秦国送回了燕太子丹。赵国得知秦国与燕国绝交后，派军攻打燕国，得到了上谷一带的三十座城池，又把其中的十一座城池送给了秦国。

甘罗回到秦国，秦王对他大加赞赏，说道："你的智慧真是超出了你的年纪啊！"不久就封他为上卿（战国时诸侯国最高的官职，相当于丞相）。

甘罗的志向高远，所以成就也惊人。

古之善背向者，乃协四海、包诸侯，忤合天地而化转之，然后求合①。故伊尹②五就汤，五就桀，而不能有所明，然后合于汤；吕尚③三就文王，三入殷，而不能有所明，然后合于文王。此知天命之箝④，故归之不疑也。

【注释】

①合：耦合。

②伊尹：古代传说人物，辅弼商汤消灭夏桀，是商朝开国名相。

③吕尚：太公望，辅佐周文王，周武王，对周朝建国贡献极大，是齐国的始封主。

④天命之箝：天命的制约。

【译文】

古代善于处理向背关系的人，总是能够横行天下，包容诸侯。用忤合之术考察天时地利的向背，促成其转化，最后选定圣贤君主与之联合。因此，夏朝末年，伊尹曾五次接触商汤，五次接触夏桀，最后决定背桀向汤，助其灭夏建商。商朝末年，吕尚三次接触周文王，三次接触商纣王，其立场仍未显露于世，最后才决定臣服于周文王，助其灭商建周。这些古圣人就是看清了天命所归之后，才做出向谁背谁的决断，最终归顺明主没有犹疑。

【鬼谷智囊】

在我们选好了正确的道路之后，也应该坚持走下去，不可犹豫彷徨，更不可半途而废。

而坚持走自己的路，是一个人获得成功的前提。翻开任何一位成功人士的传记，能得到的最大的感触就是：他们走了自己的路！

愚公移山感动天地终成功

古时候，冀州南面有两座山：太形山（今太行山）和王屋山。这两座大山之北，住着一个90岁的老人，大家叫他北山愚公。愚公家门前有两座大山挡着路，出入非常不便，于是愚公决心把这两座大山挖平。

有一天，愚公把全家人召集起来，说："我准备与你们一起，用毕生的精力来搬掉太行山和王屋山，修一条通向南方的大道。你们说好吗？"

全家人都欣然同意了。于是愚公带领他的子孙们开始了挖山，把挖出来的泥土和石块扔到东方的海边和北方最远的地方。虽然工作艰巨，一家人每天挖不了多少，但他们还是满怀信心地坚持干，坚持挖，直到季节变换的时候，才回家一次。就连邻居的小孩听说了，都来帮忙挖山。

乡里还有个老头，因为足智多谋，被人们称为智叟。他听说愚公每天都在带领全家人挖山，就来教训他了："你这样做太不聪明了，以你这样的残年余力，又怎能把这两座山挖平呢？"

愚公大笑着说："你这个人真是不明事理啊！还比不上我们邻居的小孩子呢！也许我不久就要死了，但是还有我的儿子在这里。儿子死了，还有孙子，孙子又生孩子，孩子又生儿子。子子孙孙是没有穷尽的，而山却不会再增高，为什么挖不平呢？"智叟无言以对。

山神听到愚公的话，害怕他真的这样无休止地挖下去，就连忙报告了天帝。天帝被愚公的决心和毅力所感动，就派了两个大力神下凡，把两座山背走，分别搬到朔东和雍南去了。

非至圣达奥，不能御世；不劳心苦思，不能原事；不悉心见情，不能成名[①]；材质不惠，不能用兵[②]；忠实无真，不能知人[③]。故忤合之道，己必自度材能知睿，量长短远近孰不如。乃可以进，乃可以退，乃可以从，乃可以横。

【注释】

①成名：树立声名。

②兵：这里指军队。

③知人：了解他人。

【译文】

如果不是至圣之人，不具备高尚的品德和超人的智慧，是不可能驾驭天下的；如果不劳心苦思，是不可能揭示事物规律的；如果不悉心考察事情的真相，就不可能功成名就；如果没有胆识或缺乏爱心，就不能统兵作战；如果只是愚忠而缺少真知，就不能有知人之明。以上是忤合之术的必备条件。因此，要想用好忤合之道，首先估量自己的聪明才智，衡量自己的优劣长短，分析在远近范围内还不如谁。这样就可以进取，可以退守；可以合纵，可以连横了。

【鬼谷智囊】

在鬼谷子看来，不管是与人竞争还是联合，要想得利，都必须以自己本身的实力作为保证，否则就会归于失败。做人一定要脚踏实地，只有练就真本领，才能使自己立于不败之地。仅靠花哨的外表唬人，是不会长久的，到头来，吃亏的还是自己。

做一件事情，要正确估计自己的力量，不要在自己毫无保障的时候，盲目地和比自己强大得多的人联合。

李斯统一六国

战国晚期，诸侯争雄，互相兼并，是龙虎相斗的时代。在偌大的政治舞台上，秦王嬴政采纳李斯的计谋，韩国在六国中第一个被灭亡。李斯所用的正是指桑骂槐之计，值得我们细细品味其中的玄机微妙。

从秦孝公任用商鞅实行变法图强以来，到秦王嬴政时，秦国已是兵强国富，实力远远超过了关东六国。席卷四海、统一天下的形势已基本形成，进一步需要具体考虑统一的时机、谋略和步骤。这时李斯向秦王进言，首劝秦王抓住历史的机遇，分析当前的形势，诸侯互相兼并，关东只剩下六国，现在是秦国万世难逢的好时机，以秦国的强大，灭诸侯，成帝业，天下一统，好比从灶台上扫除灰尘一样容易，千万别坐失良机。但对他们不能只是硬攻，要善于运用谋略，要恩威并用，软硬兼施。他建议秦王派出谋士间谍，去游说诸侯，并让他们多带珠宝金玉，贿赂各国的权臣名士。可以重金收买，让他们为秦国工作，去蒙蔽其君王，陷害其忠良，离间其君臣关系，阻止其国与别国联合反秦。金钱收买不了的，就派刺客去杀掉，这会使六国内部越来越乱。最后，秦国不难扫平六国，统一天下。

秦王对这番进言，很是赞扬，立即采纳建议，不久提升李斯为客卿，专门负责统一六国的战略计划。

正当李斯春风得意之时，不料起了一场风波。

韩国是秦国近邻。国小势弱，常受秦国欺凌。为减轻秦国的军事压力，韩国就派了一个叫郑国的水工到秦国去，建议秦国在关中修建一条三百多里长的大水渠，凿山开道，引泾水灌溉田地。韩国的原意是使秦国耗费大量人力物力，疲劳不堪，就腾不出手来向东征伐。秦国不知道其用心，认为这是增强关中经济实力的好主意，就接受了。但工程进行到一半，韩国的阴谋就被发觉。于是秦国一些守旧的宗室贵族，本来就对秦重用异国异姓的政策不满，就以水工郑国的事为借口说，其他国家人来到秦，都是为他们的君主做间谍的，请秦王下逐客令。

秦王迫于压力，下了逐客令。这样，来自楚国上蔡的一介平民的李斯也不得不打点行装归去。但他不甘心，于是立刻上书秦王，指出：秦国赶走异国之客是错误的，历数自秦穆公这位强秦的奠基之君到秦昭王的四位国君，都是靠任用客卿而为秦国的发展建立了功勋，如由余、蹇叔、商鞅、张仪、范雎等都是异国的来客，假如这四位君王，拒客而不纳，疏才而不用，秦就不可能有今天这样的富强。李斯又以秦王对来自异国的珠宝、良马、乐曲等的喜爱为例，问秦王："为什么这些不因非秦所产而摈斥，独独对士人，则非秦者去，为客者逐呢？"说明秦王重声色珠玉而轻人才，这不是想要"跨海内、制诸侯"的君王应采取的态度，又进一步说要建立帝业的君王，需要有泰山和河海一样的博大胸怀，今天的逐客，无异于给敌国送兵器，把天下智谋之士推向敌国，这对秦国来说是太危险了。这就是李斯著名的《谏逐客书》。

他铿锵有力的言词，使秦王读后，立刻改变了主意，取消逐客令，追回已经上路离开秦国的李斯，并让他官复原职。一场因修渠引起的逐客风波平息了。而郑国渠的完工，不仅未能"疲秦"，反而增强了其经济实力，把平定六国提上了日程。

李斯提出平定六国需要选择弱点，正面突破，先灭韩国，再灭两翼，最后灭齐。所以首先应以韩国为突破口。他分析了六国的地理位置和实力状况，认为韩国地处天下之中，又正当秦军东向之路，韩国国势弱小，如做突破口，这一炮容易打响。第一炮打响，不但可振军威，而且敲山震虎，从心理上慑服其他五国。于是秦军向韩国边境进击，使韩王极度恐慌。李斯又亲自出使韩国，威逼利诱，迫使韩王向秦称臣。

于是韩王就找韩非商量。韩非是韩国的王室贵族，他曾和李斯一起跟老师荀况学习，都是荀况的学生，韩非曾提出更张强韩之策，未被采纳，就闭门著述。他的著作集先秦法家思想之大成，风行一时。秦王嬴政读过他的著作，十分仰慕。韩王考虑韩非有这些条件，就决定派他去秦国，想通过外交努力，保存韩国。

但韩非处于两难境地，作为一个深谙历史大势的思想家，他知道秦灭六国已是水到渠成，不可逆转。但作为一个韩国贵族，自然不忍他祖宗的基业毁于一旦，还得做一次最后努力。

于是上奏章劝秦王缓攻韩而急攻赵。李斯立刻反驳韩非的"存韩"之论。他说韩非此来，只能是维护韩国利益，不可能为秦着想，这也是人之常情。而秦灭韩是不可动摇的。过去韩国每每在关键时刻和魏联合起来对付秦国，对秦是一个心腹之患。秦国和韩国的地形就像一块织锦一样交错在一起，韩国的存在，对秦国来说，就像木头里长有蠹虫一样，太危险了。一旦天下有变化，对秦国构成祸患的国家，没有比韩国更厉害的。别看他现在顺服于秦，实际是顺服于强力，一旦秦保留韩国而去攻赵、齐，难保它不与赵、齐、楚合谋，从后面来夹击秦军，故韩国不可信。力劝秦王不要为韩非的辩词所惑，要明察其心。最后，李斯建议，自己前往韩国，诱使韩王入秦。秦就以韩王为人质，胁迫其大臣俯首归顺。

于是秦王按李斯建议，一面把他的同学韩非关进监狱，一面让李斯出使韩国。韩王眼见秦国的大军压境，再也无计可施，只得交出传国玉玺，向秦国称臣归属。

三年以后，秦又借口韩国背叛，向其全面进攻，韩在六国中第一个被灭亡，李斯的战略首举成功。

接着，在不到十年的时间里，由近到远，各个击破，如蚕食叶，赵、燕、魏、楚、齐五国也先后灭亡，中国的历史翻开了新的一页。

要是李斯是个只会卖弄口舌的人，绝对做不出这样的成就。

第七篇　揣^①第七

【题解】

　　"揣"即揣度，指的是忖度人情、事理，权衡事物的利弊、得失，从中发现隐藏的真相。鬼谷子认为，要施大政于天下，必须善于"量天下之权，而揣诸侯之情"，即要全面衡量一个国家的国情，据以决定自己的施政方案。即使是圣人，倘若不知"揣"的道理，也必将一事无成。因此，"揣"是一切计谋的基础，也是论辩和游说的根本方法。在现代商业活动中，我方为了达到某一目标，也必须预先准确判断对方的心理，由表及里地发掘其内心的东西，为说服对方做好充分的准备。

　　古之善用天下者，必量天下之权而揣诸侯之情。量权不审，不知强弱轻重之称；揣情不审，不知隐匿变化之动静。何谓量权，曰：度于大小，谋于众寡，称货财有无之数，料人民多少、饶乏有余不足几何；辨地形之险易，孰利孰害；谋虑孰长孰短；揆群臣之亲疏，孰贤孰不肖；与宾客之知慧，孰少孰多；观天时之祸福，孰吉孰凶；诸侯之交孰用孰不用；百姓之心，去就变化，孰安孰危，孰好孰憎。反侧孰辩，能知此者，是谓量权。

【注释】

①揣：揣度。这里是指揣度情理。

【译文】

古代那些善于治理天下的人，必然会衡量天下的发展趋势，揣度各诸侯国的情况。如果对天下的局势衡量得不明，就不会获得强弱轻重的比较；如果对各诸侯国的情况揣度得不准，就不会掌握其暗地变化的情况。什么叫量权呢？一般来说有十个方面：一是度量国土的大小，谋算兵力的多少，衡量整个国家财货的有无，估计百姓有多少，是丰足还是贫乏，丰足和贫乏者各有多少；二是分辨各国山川地貌的险峻与平易，考察哪处于己有利，哪处于己有害；三是分析各国的策略谋划，弄清楚谁的策略更胜一筹；四是度量君臣的亲疏关系，知道谁贤德，谁不肖；五是分析各诸侯所养的宾客，摸清谁是良才，谁是庸才；六是考察各诸侯的命运福祸，观察谁吉利，谁凶险；七是考察诸侯的交谊，分析谁可以利用，谁不可利用；八是判断各国老百姓的人心向背，哪国比较安定，哪国潜伏危机；九是考察国内的老百姓拥护谁，厌恶谁；十是考察不顺从的势力，哪些要提防，哪些可相契。如果能把上述十个方面搞清楚，才是达到了"量权"的要求。

【鬼谷智囊】

鬼谷子所说的"量权"，就是指考察社会环境。选择和创造一个良好的社会环境，将有利于人的成长和事业的开展。人是社会性的动物，社会环境对于个人和企业的发展具有重要的影响。人们一般用"天时、地利、人和"来对社会环境加以概括。对于渴望成功的人而言，这三者都是需要加以考虑的因素。鬼谷子这里所说的"量权""揣情"，是需要下大工夫的。

孟母三迁

孟子是战国时期的大思想家。孟子，名轲，从小丧父，全靠母亲倪氏一人日夜纺纱织布，挑起生活重担。倪氏是个勤劳而有见识的妇女，她希望自己的儿子读书上进，早日成才。但小时候的孟轲片天性顽皮好动，不想刻苦学习。他整天跟着左邻右舍的孩子爬树捉鸟，下河摸鱼，田里偷瓜。孟母开始又骂又打，什么办法都用尽了，还是不见效果。她后来一想：儿子不好好读书，与附近的环境不好有关，于是，就找了一处邻居家没有贪玩的小孩的房子，第一次搬了家。但搬家以后，孟轲还是坐不住。一天，孟母到河边洗衣服，回来一看，孟轲又脚底板揩了油。孟母心想，这周围又没有小孩，他会到哪里去呢？找到邻居院子里，见那儿支着个大炉子，几个满身油污的铁匠师傅在"叮叮当当"地打铁。孟轲呢，正在院子的角落里，用砖块做铁砧，用木棍做铁锤，模仿着铁匠师傅的动作，玩得正起劲呢！孟母一想，这里环境还是不好，于是又搬了家。

　　这次她把家搬到了荒郊野外，周围没有邻居，门外是一片坟地。孟母想，这里再也没有什么东西吸引儿子了，他总会用心念书了吧！但转眼间，清明节来了，坟地里热闹起来，孟轲又溜了出去。他看到一溜穿着孝服的送葬队伍，哭哭啼啼地抬着棺材来到坟地，几个精壮小伙子用锄头挖出墓穴，把棺材埋了。他觉得挺好玩，就模仿着他们的动作，也用树枝挖开地面，认认真真地把一根小树枝当作死人埋了下去。直到孟母找来，才把他拉回了家。孟母第三次搬家了。这次的家隔壁是一所学堂，有个胡子花白的老师教着一群大大小小的学生。老师每天摇头晃脑地领着学生念书，那拖腔拖调的声气就像唱歌，调皮的孟轲也跟着摇头晃脑地念了起来。孟母以为儿子喜欢念书了，高兴得很，干脆拿了两条干肉做学费，把孟轲送去上学。

　　可是有一天，孟轲又逃学了。孟母知道后伤透了心。等孟轲玩够了回来，孟母问他："你最近书读得怎么样？"孟轲说："还不错。"孟母一听，气极了，骂道："你这不成器的东西，逃了学还有脸撒谎骗人！我一天到晚苦苦织布为了什么！"说着，揪着他的耳朵拖到织布机房，抄起一把雪亮的剪刀，"哗"的一声，把织机上将要织好的布全剪断了。孟轲吓得愣住了，不明白母亲为什么这样做。孟母把剪刀一扔，厉声说："你贪玩逃学不读书，就像剪断了的布一样，织不成布；织不成布，就没有衣服穿；不好好读书，你就永远成不了人才。"

这一次，孟轲心里真正震动了。他认真地思考了很久，终于明白了真理，从此专心读起书来。由于他天资聪明，后来又专门跟孔子的孙儿子思学习，终于成了儒家学说的主要代表人物。

孟子的成才可以说跟孟母为他挑选社会环境脱不了关系。

揣情者，必以其甚喜之时，往而极其欲也，其有欲也，不能隐其情；必以其甚惧之时，往而极其恶也，其有恶也，不能隐其情。情欲①必知其变。感动而不知其变者，乃且错其人，勿与语而更问所亲，知其所安②。夫情变于内者，形见于外。故常必以其见者而知其隐者，此所谓测深揣情。

【注释】

①情欲：欲望，欲念。

②安：安静。

【译文】

擅长揣情的谋士，会抓住人"甚喜""甚惧"这两个时机。在对方甚为喜悦之时前去游说，并设法使其欲望极度膨胀，只要对方表现出欲望，一般无法隐匿内心所想，定会显露真情。在对方甚为戒惧之时前去游说，并设法使其对某人某事的厌恶达到极点，只要对方表现出厌恶，便也不会隐瞒真情。对方不能控制情绪的时候，一定可以了解其思想动态。如果对方内心有所触动，却不显露于外，说明此人非常深沉。此时，不妨暂且抛开他本人，不要与他当面交谈，而向他所亲近的人调查，从中了解此人的内心。一般而言，当人的情绪发生波动时，自然会表现于外。

因此，不时地察言观色，可判断其内心所想。这就是所谓的"测深揣情"。

【鬼谷智囊】

鬼谷子是见缝插针的行家，他强调游说要抓住对方"甚喜""甚惧"两个时机，以此作为突破口。同样，我们在做事时，也要事先寻找突破口，使自己获得更快速、更完美的成功。俗话说："打蛇要打七寸。"在古代战争中，聪明的将帅总是能从失利中总结经验教训，找到敌人的弱点，实施毁灭性的打击，一战而胜。

魏颗知地形巧用兵

东周时期，晋景公征伐位于西北方的少数民族狄族的潞国，任命荀林父作为主将，魏颗为副将，但又担心荀林父兵力不足，于是晋景公亲自率兵在边境驻扎，以便接应。

很快，荀林父和魏颗就打败了潞国。荀林父将魏颗留下来继续扫荡残兵败将，平定动乱，他自己带领少数人马回到晋国报告晋景公。魏颗平定狄族之后，也班师回国。在回国的路上，魏颗忽然见到前面尘土飞扬，遮天蔽日。这时前哨飞报："秦国遣大将杜回起兵来到！"魏颗非常诧异：秦军到底是为什么来到这里的呢？他一面派人快速禀报晋景公，一面在路边选取一处山坡安营扎寨，准备迎战。

狄族等少数民族国家一直以来都和西边的秦国交好，而秦国又刚好想借助狄族这几个国家的力量共同对付晋国。听说晋军侵犯狄国的边境，秦君就火速派遣杜回来救援。但为时已晚，潞国已经被消灭了。

杜回十分愤怒，立即指挥士兵火速前行，与晋军交战，结果真的撞上了魏颗所率领的部队。杜回得知晋军就在前面，立即下令三军全速前进。晋军刚刚安营扎寨完毕，秦军就到了。

领队的秦将杜回人高马大，虬须卷发，脸如铁钵，一对牛眼凶光暴露，獠牙露出嘴外，貌含杀机，拳似铜锤，活像一尊凶神恶魔。这杜回也是秦国边境少数民族的人，曾于青眉山一日拳打五虎，皆剥其皮而归，从此以大力士的称号闻名四方。秦桓公慕名召他从军，拜他为大将。

魏颗排开阵势，等待与杜回交锋。杜回看见晋军严阵以待，也只哼了一声，不用车马，打着赤脚，手持大斧，带领着他手下同样是手持刀斧、打着赤脚的三百壮士，大踏步地冲进晋军中，专砍马腿，让晋军的骑兵跌下马来，再一举击杀晋军将士。晋军上下，哪里见过这般战术？只见他们眼疾手快，砍马杀人，俨然凶煞出世，魔怪临凡，晋军将士惊恐害怕，四散逃走。杜回的两条腿自然没有战马的四条腿快，他眼看着晋军狼狈逃窜，也不追赶，只是仰天大笑。

首阵告败，魏颗知道杜回非同常人，即刻命令将士稳守阵营，再不与秦军交战。杜回领着一队刀斧手，连日到晋营前叫骂挑战，都无人应战，不禁气愤不已。

晋景公接到魏颗的报告之后，生怕秦军再次与狄人勾结，又派遣了魏颗的弟弟魏绮，率领几千精兵前来援助魏颗。魏绮马不停蹄地赶到两军阵前，兵甲未卸，就询问战况。魏颗将两军对垒的情况告诉了他，特别讲述了秦将杜回之勇。

魏绮却不以为然地说："谅这杜回也不过是一介凡夫俗子，又不是神兵天将，有什么了不起！待弟来日出阵，定能取胜。"魏颗告诫他不可轻敌，魏绮初来乍到，怎么听得进耳！

到了第二天，杜回又来挑战。魏绮领着自己带来的几千精兵，迎战杜回。魏颗想阻止，他却不听。杜回见晋军来势汹汹，一声长啸，秦军兵马顿时四散躲避晋军。魏绮也不客气，指挥军队分散追击秦军。杜回见晋军已经分成一个个战斗小队，又一声长啸，那三百壮士马上集中起来，跟着杜回，和上次一样，大刀阔斧地砍马腿，杀兵士。只是片刻工夫，魏绮的几千兵马早已伤亡过半。在远处压阵照应的魏颗一见情形不妙，立即派兵接应，终于凭着人海战术压倒秦军，救回魏绮的败兵残将。这之后，无论杜回怎样叫阵挑战，兄弟两人都不敢轻易应战。

魏颗见两战皆败，又已与秦军对峙多日，仍无计策破敌，不禁茶不思、饭不想。

这天夜晚，魏颗毫无睡意，左思右想，没有良策，就信步走出了营房，心事重重地巡查军营。这时，他隐约中听到远处传来砍柴的声音，不禁想道：半夜三更的，还有谁在砍柴？莫非秦兵扮作樵夫来探听军情？

于是魏颗带了几个将士，循声走去，果然有个樵夫在山坡上砍柴。他问："你是什么人？为何半夜到这里砍柴？"

樵夫告诉他："我住在青草坡附近。由于你们在这里打仗，我白天不能打柴，就只好半夜三更来这里砍柴。惊动将军，罪该万死。"

魏颗沉吟着，忽然心里一动，连忙追问："是不是因为那里长满青草，所以取名青草坡？"

樵夫说："是啊，青草坡的草足有人腰这么高哩！"

魏颗问："青草坡在何处？"

樵夫说："此处向左十里处，有个大坡，便是青草坡。"

魏颗说："你领我去看看，我给你打柴钱。"

樵夫当即领着魏颗一行来到青草坡。只见这里青草片片，高的真的长到人腰，矮的也能没过膝盖，车马易走，步行却艰难。魏颗高兴地叫了一声："好！"

魏颗回到营房，马上连夜和魏绮商量出一条破敌之计。随后，他命令全军收拾行装，说是要回原潞国地区避战。听到消息后，全军将士欢声雷动，饱餐一顿后，立刻拔寨启程。

得知晋军"即将退回潞国"的消息后，杜回马上指挥全军追击，很快就追上了晋军。魏颗回马与他斗了几个回合，就向青草坡方向退去。杜回和他的三百壮士尽管没有车马，但走得飞快，硬是凭一对赤脚在后面穷追不舍。魏颗心中暗喜，有意引诱着秦军接近青草坡。

其实，魏颗的计策是，叫魏绮马上引一队兵马到青草坡布下埋伏，等到秦军全部进入青草坡之后，就杀出来截断他们的后路；他自己则在天亮后，迎战秦军，并将他们引入青草坡。

见青草坡在即，魏颗就掉头催马直冲进青草坡。杜回刚追进去时，见青草坡周围的青草还仅仅是齐膝高，也没觉得什么不妥。魏颗走走停停，杜回越发急躁，便追得更快、跟得更紧，也没有在意脚下的草越来越缠脚。眼看已进入坡腹了，青草越来越高，杜回双脚被青草绊住，走得非常艰难，几乎不能迈步。

见时机成熟，魏颗立即下令放炮。一声炮响，魏绮的伏兵从秦军后面杀了出来，魏颗也指挥大军掉转马头，正面接战秦军，顿时，秦军腹背受敌。那三百壮士大多被青草绊得跌跌撞撞，很快就被晋兵杀死或活捉了。脚上被青草缠绕得无法大步前行的杜回，眼见自己的部下损失惨重，忍不住怒火燃烧，抡起那一百二十斤的开山大斧，横冲直撞，横劈竖劈。魏颗仍然且战且退，直将他引进青草齐腰的地方。杜回一步三晃，几乎寸步难行。

这时魏绮也赶来，与魏颗合力前后夹击杜回，杜回被搠翻在地，兄弟两人同时下马将他生擒。树倒猢狲散，秦军看到主将被捉，立刻四散奔逃，那三百壮士剩下的也寥寥无几。

不知地形者，不能为将用兵。魏颗凭借着地形的优势，抓住了对方的弱点，终于打败了杜回。

故计国事者，则当审量权；说人主，则当审揣情。谋虑情欲必出于此。乃可贵，乃可贱；乃可重，乃可轻；乃

可利，乃可害；乃可成，乃可败。其数^①一也。故虽有先王之道、圣智之谋，非揣情，隐匿无可索之。此谋之本也，而说之法也。

【注释】

①数：法术，这里指办法。

【译文】

决策国家大事的人，必须精心权衡利弊得失；游说君主的谋士，必须精心揣度实情。一切策划、谋略和欲求，均须从量权和揣情出发。精通揣情之术，可使人富贵，也可使人贫贱；可使人手握重权，也可使人微不足道；可使人受益，也可使人受害；可使人成功，也可使人失败；产生这些差异的法则是一样的。因此，即使你有古代贤君的大德，有大智之人的计谋，若离开揣情之术，就无法识破隐藏的真相。由此可知，揣情之术是策划计谋的根本条件，是游说君主的基本法则。

【鬼谷智囊】

鬼谷子认为，要保证游说和谋略行动的成功，有两个不可或缺的环节，即"审量权""审揣情"。这里的"审"，就是细致、精心的意思。在把握基本事实的基础之上，进行缜密的分析、判断，进而决定最佳的行动方案。

士会细心审查讲战略

春秋时期，晋国和楚国为了争夺霸权，征战不断。

在晋、楚争霸的过程中，比较弱小的郑国有时依附晋国，有时又不得不依附楚国。公元前597年，郑国投靠了晋国。不久，楚王领兵攻打郑国，晋国听说楚国进攻郑国，于是派荀林父、士会等人领兵前往救援。但是，晋国大军抵达前线之前，郑国因为都城已经被围困了十七天，招架不住，就和楚国讲和了。

晋国大军到达黄河边时，听说楚国已经与郑国讲和，订立了盟约。晋军内部产生了分歧，以中军副帅先縠为首的一批人想要继续前进攻打楚军，以中军主帅荀林父为首的一批人想撤兵回国。

荀林父说："本来我们是来救郑国的，现在战争已经结束，咱们不用再去了。"

士会同意荀林父的意见，他说："用兵的道理在于观察时机，趁敌人暴露出空隙时发动攻击，才有胜利的希望。以目前的状况，我们根本没有可能与楚军对抗。现在楚国的德行、政令、典章、礼仪都不违背常规，他们讨伐郑国，是因为郑国三心二意，背叛他们。如今郑国顺从了，他们就宽恕郑国，这是很有大国风范的。楚国的军队很勇猛，训练有素。作战时，将士们都清楚自己的攻击目标，纪律相当严格。楚国的国君善于选拔人才，赏罚分明，论功行赏，按才封爵。对尊贵的人表示尊重；对卑贱的人表示威严。楚国如今已经国强民富、文明发达了，怎么能去攻击它呢？对于楚国这样管理十分严密的国家，我看还是不要打了，不如回去整顿军队，加强力量，将来去讨伐政事混乱的国家。"

荀林父不住地称赞士会的意见很有说服力，但是先縠不同意，他说："怎见得我们一定会失败呢？不能长敌人的志气，灭自己威风，晋国之所以能称霸天下，就是因为我们的军队英勇善战。如果这样畏敌如虎，就会失去晋国霸主的地位。"中军大夫赵括、赵同也支持先縠的看法。

士会反驳说："只有知己知彼，才能决定作战，不看实际情况就出兵，只会失败。决不能说'打是英雄，退却是怕死'。我们看到了人家的优点，知难而退是理智的，而不是害怕的表现。不看实际的强弱就去硬拼，恐怕不是勇敢，而是鲁莽吧？看到胜利的可能就出兵，没有可能就后退，这才是治军的好方案。"

可是先縠依然不同意退兵，甚至说："作为军队的统帅，敌人就在对岸，却不去击败他们，我是绝对不会干的！"

先縠单独率领自己的部队渡过黄河，准备和楚军决战。荀林父没有办法，也只好眼看着先縠的部队渡过了黄河。结果，晋军被楚军打败，损兵折将。

常有事于人，人莫能先，先事而至，此最难为。故曰揣情最难守司，言必时^①其谋虑，故观蜎飞蠕动^②，无不有利害^③，可以生事。美生事者，几之势也。此揣情饰言成文章，而后论之也。

【注释】

①时：这里指时机。

②蜎（yuān）飞蠕动：泛指昆虫的飞动。蜎是没有骨头的昆虫，爬行时都必须屈伸身体，就叫蠕动。

③无不有利害：世间没有不具备利害之心的东西。

【译文】

善于运用揣情为人谋事的人，总是让人无法超越。他总是在事情发生之前，就已经预料到了，这种料事如神的境界是最难达到的。所以说，揣情是最难把握的法术。凡言谈之时，必须根据情况做出判断，推测言说的后果。在自然界，即使是昆虫的飞行与蠕动，无不有利害关系，甚至引发事变。事变源于微末，但势成之后就不可控制。因此揣情者一定要修饰言辞，以至做成文章，然后方可与对方论说。

【鬼谷智囊】

有的时候，真理总是简单的。问题是，让人们相信简单的真理，确实是挺难的。

说一个人预测事情很准，有"神机妙算""料事如神""未卜先知"等诸多形容词。其实，人毕竟不是神，不可能掐指一算，就能前知五百年、后知五百年。预测，靠的是经验和思维。

看问题当然首先要看实质，不能只看外表。但在实质的基础上，注意适当合度的修饰，是有益无害的。

明察秋毫断真盗

有这样一个民间故事：京城里发生了一起盗窃案，小偷临走时，把一本小册子遗落在那户人家。失主打开一看，里面全记载着富家子弟的名字，还有关于他们的劣迹，有饮酒聚会议事、合众赌博、狎妓宿娼、召妓聚赌等，一共有二十多条。失主心想事关重大，急忙将盗匪遗失的小册子呈送官府。

官府按名册所记姓名一一捕人，都是本乡的纨绔子弟。那群少年喝酒聚赌召妓等事都是事实，官府认为他们就是打家劫舍的盗匪，然而他们的父母却认为自己的儿子平日行为虽不知检点，但还不至于沦为窃盗，因此对儿子们会犯下入户偷窃的罪行表示怀疑。

一阵严刑拷打，这批平素娇生惯养的纨绔子弟们都屈打成招。官府逼问他们："赃物在哪里？"

少年们说埋在郊外某处，随意说了几个地点，官府派人挖掘，果然挖出一批财物，少年们没想到竟然胡乱说中，彼此对望，吓得面如土色地说："这是天要亡我，也只能认命了啊！"而官府认为既已找到失物，只待处决人犯就可结案。

有一位官员总觉得事有蹊跷，但又说不出所以然来，左思右想，忽然想起一个可疑之处：他手下有一名蓄胡子的马夫，每次审讯少年犯，他就借故待在附近偷听。于是又反复召来少年审了几次，发觉那位大胡子马夫总会在附近，审问其他人犯时，大胡子马夫却不在。

官员心生疑虑，命人召马夫问话，问马夫："你为啥特别关心这起案件？"

马夫说："我只是好奇，并没有别的意思。"

官员突然沉下脸："左右役吏，给我用刑，让他讲讲真话！"说着命人取来刑具。

这时马夫才叩头认罪，请官员屏退旁人后说："起先，我不知道这件案子，只因那强盗贿赂我，要我每次在审讯少年犯时，都要记下大人及少年的对话，然后飞快报告他，他答应给我一百两黄金作为酬劳，至于赃物，就是强盗得知少年犯所说的地点，连夜挖洞埋藏的。小人罪该万死。小人愿引兵前往贼窝擒拿贼人，立功赎罪。"

官员命士兵换上便装与马夫一同前去缉捕贼人。原来，强盗们为了嫁祸别人，预先造了一份富家子弟的名册，并记下了他们的劣迹，转移官府视线。接着，又贿赂马夫，作为内线。当他们得知纨绔子弟信口说出的"埋赃"地点时，便连夜赶到那里，埋下赃物，栽赃给纨绔子弟们。

在马夫带领下，士兵一举端掉贼窝，贼人果然全部落网，少年犯也被无罪释放了。

从细节中看到了实质，这就是破案的诀窍。

第八篇　摩①第八

【题解】

　　"摩"篇是"揣"篇的姊妹篇。摩，本意为揉擦，这里指通过言论刺激对方，以获知其真实的意图。因此，摩可视为揣的一种具体运用。本篇列举了不少摩的具体方法，如责以正义、诱以利益、施以威吓，等等。我方通过"揣情"，明确了对方的意图之后，即可择法而行之，一般称为"摩意"。善于"摩意"者，必具有超强的思维能力，他们能根据同气相求的规律，将心比心，将事比事，从而准确察知对方的内心欲求。这就好比临渊钓鱼一样，投下鱼饵，鱼儿自然就上钩了。

　　摩者，揣之术也。内符②者，揣之主③也。用之有道，其道必隐④。微摩之，以其所欲，测而探之⑤，内符必应。其应也，必有为之⑥。故微而去之，是谓塞窌⑦、匿端⑧、隐貌、逃情，而人不知，故能成其事而无患。摩之在此，符应⑨在彼，从而用之，事无不可。

【注释】

　　①摩：揉擦，切磋。这里指通过刺激、试探，以求引起对方反应，从而了解内情。

　　②内符：情欲活动在内，符验就表现在外。

　　③揣之主：揣的主要对象，指内符。

　　④隐：隐秘。

　　⑤测而探之：观测、研究，以探求其真实的欲求。

⑥有为之：有作用。

⑦窌（jiào）：地窖。

⑧匿端：匿，隐藏；端，端绪、开始、前兆。隐匿其端绪。

⑨符应：与之呼应。

【译文】

所谓"摩"，是揣情的一种方法。摩的主旨是为了达到"内符"，即指做出的判断符合所揣摩对象的内心。"摩"是有一定规则的，而这些规则是隐而不露的。"摩"时要顺着对方的欲望，投其所好，不知不觉地触动其心灵，使其内情自然显露出来。一旦内情显露，必有你可做的事，这就是"摩"的作用。在"揣摩"之后，应适当离开"摩其欲"的方向，如同把地窖盖上一样隐匿起来，搅乱其人的头绪，伪装自己的外表，逃避感情的牵连，使人无从知道我的真相。这样，事办成了，也不会留祸患。如何摩在于我，是否内符则在彼。只要顺应对方的欲望，使我方的"揣摩"能在对方那里得到应验，就没有揣摩不了的事情。

【鬼谷智囊】

鬼谷子所说的"摩"，就是要通过言语刺激等方式，使对方的真情充分暴露出来。与此同时，我要做好隐蔽的工作，尽量不暴露自己的内心。这样做的目的，就是要掌握主动权。正所谓"人在明处，我在暗处"，这是所有的谋略家所追求的境界。

在战争理论中，有一条重要的原则就是要注意隐藏自己的实力，故意让对手认为我不具威胁而产生轻视心理，等到敌人大意而来，所有的弱点均暴露无遗时，我再加以重拳出击，一举击溃对方。

公子光明里相忍暗植羽翼

阖闾是春秋时吴国国君，姓姬，称公子光。吴国的强盛，是公子光即位称王以后的事情。公子光的父亲吴王诸樊临死的时候，由于种种原因，没能按照约定俗成的习惯，将王位传给公子光，而是将王位传给了他的弟弟余祭。

此后吴国的王位应该是传于兄弟之间，到了余祭时，却改变了这一做法。余祭死后他的儿子僚继承了王位。吴国王族内部争权夺位的现象日趋显露。公子光处事，善用心计，斗争讲究策略，心胸宽广，目光远大。对于早就应该属于他的王位，一再被别人所得，公子光不但愤慨万分，内心也十分痛苦。

然而，这种愤恨痛苦的情感，公子光并没有外露，在自己羽翼未丰的时候，如果这种怨恨的情绪表现出来，必招杀身之祸，所以他一直忍而不露。

这个阶段，公子光进行了诸多的准备，一方面在要害部位安插心腹，四处访贤纳士，笼络各种人才，以备将来之用。另一方面使所做的一切深藏不露，尽做出使吴王僚感到满意的事情，吴王僚以为公子光十分效忠自己，逐渐地减少了对他的猜疑。

这一切，为他实现最终目的，奠定了坚实的基础，发挥了十分重要的作用。

除了上述两方面的准备，公子光还善于择才用人，积极为自己储备贤良之人。公子光发现了时刻难忘父兄被害大仇的伍子胥。当时吴王僚也想向诸侯显示自己的力量，对伍子胥伐楚的提议表示赞同，但公子光却从中阻挠说：楚国很强大，并与吴国远隔千里，以吴国的实力，现在伐楚难以取胜，劝谏吴王僚打消伐楚的想法。吴王僚沉思后，觉得公子光的话不无道理，于是，不再提伐楚的事了。

公子光劝阻吴王僚伐楚的真正用意，绝不是因为不能取胜。公子光早就看出伍子胥的才能过人，一直在寻找机会接近伍子胥，使其成为自己的心腹。他暗地里早已和吴王僚讲过伍子胥一再鼓动伐楚，是想借吴国的力量，报自己的私仇。公子光的良苦用心是想离间伍子胥和吴王僚的君臣关系，而在伍子胥受到冷遇时，借机把他笼络到自己的手下。以后，吴王僚果然疏远了伍子胥。

伍子胥在以后和公子光的交往中，对公子光有了较深的了解，看清了要想报父兄被杀的大仇，必须依靠公子光才能达到。公子光也看到了要想取得王位，一定要有伍子胥的协助才能实现。伍子胥和公子光互有利用，不谋而合。此后，伍子胥为公子光的谋权篡位，出谋划策，四处寻访得力人才。

一切具备后，公子光以预祝吴国出兵伐楚大获全胜的名义，宴请吴王僚以及众臣，这是整套计划的核心，也是最关键的部署，成败在此一举。

宴会过程中，公子光向吴王僚献上美味的鲜鱼。一位粗壮的侍者，手端着装鱼银盘，由殿下慢慢走来。距离吴王僚的餐桌还有十多米远的时候，被吴王僚的武士喝住，经过一番严格搜查后才放他过去接近吴王僚的餐桌。侍者十分沉稳地走到吴王僚面前，将银盘放在桌上，就在放下盘子的一瞬间，以迅雷不及掩耳之势，飞快地抽出事先藏在鱼腹里的短剑，狠狠地向吴王僚刺去。短剑透过甲衣，穿入胸膛，吴王僚一声惨叫，顿时身亡。就在吴王僚倒下的同时，侍者也被吴王僚的近身侍卫刺得血肉模糊，一命呜呼。

刺杀吴王僚的"侍者"名叫专诸，是伍子胥刚来吴国时在街上遇见的一位勇士，后来跟随了伍子胥。

行刺吴王僚顺利得手，这时公子光和伍子胥率领事先埋伏在殿外的人马，杀进大厅。由于吴王僚已死，他的卫士成了无头之鸟，没有人拼死厮杀，所以局势很快就被公子光控制住了。公子光对在座的其他人大声说道："吴王僚的王位是抢来的，祖父临终时说，将王位传给他的长子，但以后要将王位传给兄弟，不许再传儿子。可是吴王僚的父亲却将王位传给了儿子，违背了我祖父的遗愿，是不忠不孝，如果恢复将王位传给儿子的制度，那么，王位不也应该属于我吗？"接着又说："如果大家对我的做法有什么异议，可以讲出来。"说完瞪着眼睛看着在座的人，公子光的兵士更是剑拔弩张，杀气腾腾。

此时此刻当然没有人敢站出来说公子光的做法不对，公子光终于实现了自己的夙愿，登上了国君之位。

公子光能在以后夺得王位，成就大业，可以说功归于忍。这正是作为一个能深思远虑的政治家，所必须具备的品质和气度。在条件还未成熟的时候，在"忍"中寻找时机，在"忍"中积聚力量，公子光正是以小忍而得了谋长计。

古之善摩者，如操钩而临深渊，饵而投之，必得鱼焉。故曰：主事①日成而人不知，主兵②日胜而人不畏也。

【注释】

①主事：所主办的事情。

②主兵：指挥军队。

【译文】

古代善于运用"摩"术的人，就如同拿着钓钩到深水边上钓鱼一样。只要把鱼饵投下去，就一定可以钓到鱼。所以说，他主办的事情日益成功，而人们仍不知他是如何成功的；他指挥的军队日益压倒敌军，而人们仍不知战争的可怕。

【鬼谷智囊】

"主事日成而人不知，主兵日胜而人不畏"，与《孙子兵法》中强调的"百战百胜，非善之善者也；不战而屈人之兵，善之善者也"，其核心都是实施战略的非攻原则，即不通过武力交锋而达到战略目的，这是最圆满的胜利，也是战略家所追求的最高目标和完美境界。这种全胜的战略思想，和一般国君、将帅追求彪炳战绩、好大喜功的心态背道而驰。

能真正做到"不战而屈人之兵"的人，才是真正的雄才大略。这一原则的基础，就是自己的国家要强大，军事、经济实力足以压倒对方，才能在政治上处于主动地位，通过外交途径达到不战而胜的目的。世界上的任何事情都是这样。恰当的方法常常可以起到事半功倍的效果。所以，做事情之前，思考一个最恰当的方法是十分必要的。

张仪舌剑破敌盟

苏秦死了以后，他那假装得罪燕王逃到齐国去破坏齐国的阴谋被齐宣王得知。从此，齐国和燕国又结了仇。

公元前314年，燕国内乱，齐宣王趁机攻打燕国并杀了燕王，差点灭了燕国。不仅如此，齐宣王和楚怀王又结成了同盟。秦惠文王本来想去攻打齐国，齐、楚一结盟，秦国的计划落了空。张仪要实行"连横"，非把齐、楚联盟拆散不可。他向秦王奏明自己的意图后，交了相印，就去楚国了。

张仪到楚国以后，首先用重金贿赂楚怀王手下最受宠幸的权臣靳尚，然后去见楚怀王。楚怀王问他："先生光临，有何指教？"张仪说："秦王派我来跟贵国交好。"楚怀王说："谁不愿意交好呢？可是秦王总是向他国要土地，不给他就打，谁还敢与他交好？"张仪说："如今天下只剩下了七国，其中最强大的，要算齐、楚、秦三国。要是秦国跟齐国联合，那么齐国就比楚国强；要是秦国跟楚国联合呢？那么楚国就比齐国强。如今秦王打算跟贵国交好，可借大王跟齐国通好，他有什么办法呢？要是大王能够下个决心，跟齐国绝交，秦王不光情愿跟贵国永远和好，还愿把商于一带六百里的土地送给贵国。这么一来，楚国可就得到三样好处：第一，增加了六百里的土地；第二，削弱了齐国的势力；第三，得到了秦国的信任。一举三得，为什么不这么干呢？"

楚怀王是个昏庸之辈，经张仪这么一说，就动了心。他非常高兴地说："秦国要是能够这么办，我何必一定要拉着齐国不撒手呢？"楚国的大臣们一听说他们能够得到六百里的土地，大伙儿都眉飞色舞地给楚怀王庆贺。忽然有个人站起来，说："这么下去，你们哭都来不及，还庆贺呢？"楚怀王一看，原来是陈轸，就问他："为什么？"陈轸说："秦国为什么把六百里的土地送给大王？还不是因为大王和齐国定了联盟吗？楚国有个齐国作为兄弟国，势力大，地位高，秦国才不敢来欺负。要是大王跟齐国断了来往，就跟砍了一只胳膊一样。那时候，秦国要不来欺负楚国才怪呢！大王要是听了张仪的话和齐国断交，如果张仪失信，不交出土地，请问大王有什么办法？那时候，齐国愤恨大王。万一跟秦国联合起来，一齐来打楚国，不就是楚国亡国的日子到了吗？大王不如打发人先去接受商于之地。等到六百里的土地接受过来以后，再去跟齐国绝交也来得及呀。"

三闾大夫屈原说："张仪是个反复无常的小人，千万别上他的当。"那个受了张仪重金的靳尚，眯缝着一对吊死鬼眼睛，坚持着说："要不跟齐国绝交，秦国哪儿能白白地给咱们土地呢！"楚怀王糊里糊涂地点头称是："那当然！咱们先去接受商于之地吧。"

楚怀王为得地显得非常高兴，还赏了张仪好些财宝。一边去跟齐国绝交，一边打发逢侯丑跟着张仪去接受商于。张仪和逢侯丑沿道上喝酒谈心，一路潇洒，好像亲兄弟一样。

他们到了咸阳城外，张仪好像喝酒喝醉了，从车上摔下来。手下人慌忙把他搀起来。他说："哎哟，我的腿摔坏了。你们赶紧把我送到城里去找医生。"他们把张仪送进了城，请逢侯丑住在客馆里。逢侯丑去拜见张仪，手下人说："医生说了，闭门养病，不能会客。"

这么一天一天地耗下去，一连足有三个月。逢侯丑着了急，写了一封信给秦惠文王，说明张仪答应交割土地的事情。秦惠文王回答说："相国答应的话，我一定照办。可是楚国还没跟齐国完全绝交，我哪儿能听信一面之词呢？且等相国病好了再说吧。"逢侯丑再去找张仪。张仪压根儿就不见他。逢侯丑只好把秦惠文王的话报告了楚怀王。

楚怀王傻乎乎地派人去齐国大骂齐宣王，以示与齐国绝交。齐宣王非常气愤，决定派使臣去见秦惠文王，相约一块去攻打楚国。

张仪听说齐国有使臣来，就去上朝。没想到在朝门外碰见了逢侯丑。张仪问他："怎么将军还在这儿？难道那块土地你还没接收吗？"逢侯丑说："秦王要等相国病好了再说。如今咱们就一块儿去说吧。"张仪说："干什么要跟秦王说去？我把我自己的土地献给楚王，何必去问他呢？"逢侯丑说："是您的土地吗？"张仪说："可不是吗。我情愿送给楚王我自己的六里土地。"逢侯丑一听，急得出了一身冷汗。说："怎么会是六里土地？我来接受的是商于那儿的六百里的土地呀！"张仪摇头晃脑地说："没有的话！秦国的每一寸土地，都是将士们用鲜血换来的，哪儿能随便送人呢？别说六百里，就是六十里也不行啊！我说的是六里，不是六百里；是我的土地，不是秦国的土地。大概楚王听错了吧！"

逢侯丑这才知道，张仪确实是个地地道道的大骗子。楚怀王因小失大，既没得到土地，又失去了盟友，真是欲哭无泪！

张仪凭借三寸不烂之舌骗取楚王的信任，使得楚国断了与齐国的盟国关系，达到了秦国的目的，取得了不战而屈人之兵的效果。

圣人谋之于阴①，故曰神；成之于阳②，故曰明。所谓主事日成者，积德也，而民安之不知其所以利；积善也，民道③之不知其所以然，而天下比之神明也。主兵日胜者，常战于不争不费④，而民不知所以服，不知所以畏，而天下比之神明。

【注释】

①谋之于阴：悄悄地谋划、策划，不让人知道。

②成之于阳：公开实现目的。

③道：当作应走的路来顺从。

④不争不费：不使用武力，不消耗战费。

【译文】

圣人谋划事情总是在暗地里进行，人们不知其就里，故称之为"神"；而他所取得的成功都显现于众人眼前，所以人们称之为"明"。圣人"主事日成"，一是由于他暗中施德泽于民，使老百姓安居乐业，老百姓尚不知是如何得到这些好处的；二是由于他暗中积累善行，老百姓只知说好，却不知道为什么会这样。天下人都把这样的人比作神明。圣人"主兵日胜"，是由于他不热衷于争城夺池，战争的消耗很小，老百姓不知道敌国为何拜服，也不知道战争有什么可怕。天下人也都把这样的人比作神明。

【鬼谷智囊】

鬼谷子所说的"圣人谋之于阴"，说的是圣人言行谨慎，做事不张扬，只有如此，才能"主事日成""主兵日胜"。中国人最擅长的就是韬光养晦了。一个人锋芒太露，很容易招致他人的嫉恨，并最终为自己带来祸患。

孔子谆谆告诫要"温、良、恭、俭、让"，实际上也就有深藏不露的意思在内。《周易》说："君子藏器于身，待时而动。"无此器最难，而有此器，却不思待时，则锋芒对于人，只有害处，不会有益处。为人处世低调一些，没有什么祸患能主动找到身上来的。如果处事太过张扬，那就会引火烧身。

是金子总会发光，但也不能老把金子埋在地里。把握机遇的能力也很重要，一旦机会来临，千万不要错过。真人不露相，这是千真万确的。但永远都不露相的，肯定不是真人。

商鞅居功遭极刑

商鞅变法后，实行轻罪重刑的政策。公元前339年，有一个叫赵良的人来见商鞅，对他说："你对百姓实行过分严苛的刑罚，轻罪重刑，连太子的师傅都处了劓鼻、黥面之刑，这是聚集百姓的怨恨之举。你又在封地南面称君，天天用新法来逼迫秦国的贵族子弟用法律严格约束贵族公子们的行为，这些也不是谋取长寿的办法。被你处了刑的公子虔，已经有6年时间闭门不出了；你还杀死了贵族祝欢，这几件事，都不是得人心的。你在出门的时候，随从车马有十多辆，车上载着武器，车上都是顶盔贯甲、身强力壮、持矛操戟的贴身警卫在身边保护你，只要有什么地方不周到，你就不出门。《诗经》上说'得人者兴，失人者崩'，《尚书》上说：'恃德者昌，恃力者亡。'而你目前仍在热衷于扩充封地，争名逐利，如此下去，你的处境就好比早晨的露水，面临很快消亡的危险啊。"

商鞅觉得赵良的话确实有一定道理，就问计于他。赵良说："你若想延长自己的寿命，何不劝秦王重用那些隐居山林的贤才，然后把封地交还给秦国，隐居到荒野去，浇园自耕，过田园生活呢？否则，一旦秦王去世，更立新君，秦国想要拘捕您的人还能少吗？你还会这么轻松吗？"

这时的商鞅权力正大，他贪图封地的富有，以独揽秦国的国政为宠幸，哪里肯半途而废，将来之不易的名利拱手相让呢？所以，他还以为赵良是夸大其词，并没有听从赵良的劝告，依然我行我素。

五个月后，支持变法的秦孝公去世，太子驷继位。改革的大靠山秦孝公死后，商鞅仍不知大祸已将临头。这时，一些仇视商鞅的人对太子驷说："大臣权力过重，国家就危险；左右臣属太亲，国君就危险。现在秦国连妇女小孩只知道商君之法，却不知道国君之法，实在是君臣混乱，本末倒置。再这样下去，国家会出乱子的。况且您与商鞅有仇，愿皇上早下决断。"

商鞅扫荡了世袭卿大夫家族，取缔他们的封邑，改建郡县。这些利益受到侵害的人，在秦孝公死后开始反攻倒算，乘机诬告商鞅谋反。当年商鞅推行变法之初，太子驷曾犯法，商鞅不顾情面，将太子的老师处以劓鼻、黥面之刑，以此来警告太子，对此，太子一直怀恨在心。这时见大臣众口一词，要求惩治商鞅，当然不会拒绝，于是下令派人捉拿商鞅。

得知受到通缉，商鞅慌忙带着妻儿老小出逃，逃到关下，人困马乏，来到客舍，欲投宿，客舍主人不知他是商君，见他没有官府发放的通行凭证，就拒绝他们说："客官，您说现在这风声这么紧，我怎么能收留没凭据的人呢？都跟您说了吧，三年前商大人订下法律，不允许没有凭证的人住宿，还设下连坐之法，只要一人犯法，所有有关系的人都得遭殃。您要是没凭据的话，还是到别处投宿吧！"

商鞅怕被发现身份而遭捉拿，又不敢交出凭据，只好在心中慨叹："原来我制定法律的弊端，竟到了如此地步。"实在没有办法，他想逃到魏国去避难，谁知魏国守将因他曾经背信弃义，用欺诈的手段俘虏了魏公子，侵占了魏的土地，拒绝他入关。这时商鞅才开始品尝了自己用智慧和心血酿制的苦酒。

商鞅无奈，在外出无门的情况下，便潜回到他的封地商邑，立即组织邑兵北出击郑国（今陕西省华县），准备对抗官军。

更具讽刺意味的是，商鞅返回商邑，派人到封邑征兵。殊不知，正是由于他自己推行的变法，使秦国建立起了强大的军队，他的邑兵，是不堪一击的。秦国遂发兵征讨他，最后，商鞅兵败被俘，被处以车裂之刑，行刑当天，五个士兵骑着五匹快马向不同的方向狂奔而去，伴随着商鞅的一声大叫，商鞅整个人被撕成了五块，死状惨不忍睹。商鞅的全家也全遭株连，不幸获罪。

商鞅严格执法、滥用酷刑的行为招致普遍的怨恨。商鞅虽有满腹才华，但是他却不知道如何实行仁政，奉行仁义。太子不留神犯法，商鞅竟刑其大夫，黥其师。诚然此举能令人信服，但何尝不是把自己赶上了绝路？他对太子也加以侮辱，却不知道太子总有一天会成为皇帝。如果他平日里稍微对百官和上司恭敬一些，如果他不是那么刻薄寡恩，如果他没有制定过分严厉的法律，也不至于落得如此下场。

不知道隐藏锋芒，就会有极大的危险。

其摩者，有以平，有以正，有以喜，有以怒，有以名，有以行，有以廉，有以信，有以利，有以卑。平者，静也；正者，宜也；喜者，悦也，怒者，动也；名者，发①也；行者，成②也；廉者，洁也；信者，明也；利者，求也；卑者，谄也。故圣人所独用③者，众人皆有之，然无成功者，其用之非也。

【注释】

①发：扩大名声，这里指有声誉。

②成：使其成功。

③独用：单独使用。

【译文】

"摩"有多种方式，有的靠平和，有的靠正义，有的靠取悦，有的靠愤怒，有的靠名望，有的靠行为，有的靠廉洁，有的靠信义，有的靠利益，有的靠谦卑。运用不同的方式，有不同的目的：靠平和是使其冷静思考；靠正义是晓之以理；靠取悦是为了麻痹对方；靠愤怒是为了震动对方；靠名望是为了威吓对方；靠行为推动是为了成功；靠廉洁是为了清白；靠信义是为了使对方明智；靠利益是为了诱惑对方；靠谦卑是为了满足对方虚荣心。总之，圣人所施用的"摩"术，平常人都可以使用，然而没有运用成功的，是因为他们运用不当。

【鬼谷智囊】

要想在竞争中获得胜利，一定要诉诸手段。根据目标的不同，采取的手段也各不相同。主要的问题在于，你的手段是否有效，是否能打动你想打动的人。鬼谷子在这里提出了各种不同的策略，或者称之为"情感攻势"，对我们有颇多的借鉴意义。

在洞察人性的基础上，用诉诸情感的方式去打动人，使之顺从自己的意愿。这是现代交际中常用的法则，也是最有效的成功方法之一。

荀息叠棋放鸡蛋

春秋时，晋灵公即位不久，就整天吃喝玩乐，不理朝政。有一天，他忽然心血来潮，突发奇地想修造一座九层高台。好供自己登高望远、和嫔妃们寻欢作乐。

在当时的条件下，修筑如此宏大的工程需要耗费大量的钱财，还要征用大批的民工，无疑会给老百姓带来沉重的负担。晋灵公怕巨子们反对，就在上朝的时候对大家说："谁敢劝阻建楼台，我就砍谁的脑袋！"其实举国上下没有人不反对此事的，只是众多大臣为了明哲保身，都噤若寒蝉。

有个叫荀息的老臣实在忍不下去，他想，一定得想个办法去劝阻晋灵公，就去见晋灵公。晋灵公觉得他应该是来劝谏的，便命手下人拉弓引箭等在殿下，心想只要荀息开口劝说，就马上放箭射死他。谁知荀息进来后，只是轻松自然地笑着对晋灵公说："大王，我近日学会了一套绝技，今天想特地来表演给您看，不知道大王是否愿意呢？"

晋灵公一听，觉得很有兴致，连忙问道："是什么绝技？快表演给我看看！"

荀息便说："大王，我可以把九个棋子叠放起来，在上面再叠放九个鸡蛋。"

晋灵公一听这事，惊奇得眼睛都瞪圆了，忙说："那你快表演给我看！"

晋灵公叫人拿来棋子和鸡蛋，荀息便凝神屏气，动手摆起来。他先把九粒棋子一粒粒地重叠起来，然后开始慢慢地将鸡蛋放置在棋子上。

椭圆形的鸡蛋放在上面不停地轻微晃动，随时都有滚下来的可能。荀息一个一个放着鸡蛋，这时，大庭里的气氛非常紧张，围观的大臣们全都大气不敢出。荀息也是紧张得满头大汗，生怕将鸡蛋打破。晋灵公眼睛都看直了，终于忍不住叫出声来："哎呀！太危险了！"

荀息见时机已成熟，就从容不迫地说："大王，这个还不算危险，还有比这危险得多的呢！"

晋灵公更惊讶了，便迫不及待地说："是吗？还有更惊险的？那你快表演给我看！"

这时，只听见荀息一字一句，非常沉痛地说："大王您修造九层高台。要花好几年的时间，要耗费多少人力物力啊！在建造的几年间，老百姓全都在工地上劳作，男子不能在田地里耕种，女子不能在家里纺织，国库也会空虚。士兵们得不到给养，没有金属铸造武器，而邻国正想找机会打过来，到那时，我们无力抵抗，国家很快就要灭亡了。到那时，形势难道不比垒鸡蛋危险多了吗？"

晋灵公原本没有想到修造高台对国家会有这么大的危害，现在听荀息一说，才意识到自己干了一件多么荒唐、多么危险的事，当下便取消了修建九层高台的打算。

利用晋灵公看到累卵的紧张急切，恰当地描述了自己的进谏。

故谋莫难于周密，说莫难于悉听，事莫难于必成。此三者，唯圣人然后能任。故谋必欲周密，必择其所与通者说也，故曰或结而无隙①也。夫事成必合于数，故曰道数②与时相偶者也。说者听必合于情，故曰情合者必听。

【注释】
①无隙：紧密无间。
②道数：道与术，指规律与方法。
【译文】
设计谋略，最难的就是周到缜密；游说君主，最难的就是使其言听计从；主持事务，最难的就是确保成功。这三个问题只有圣人才能解决。所以凡设计谋略要想周到缜密，一定要选择与自己情意相通的人共谋，所以说："相互结合，无懈可击。"凡办事要想取得成功，必须有适当的方法，所以说："方略、方法与天时互相依附。"凡游说的人要想人家对自己言听计从，必须使说辞合乎情理，所以说："合情合理才有人听。"

【鬼谷智囊】

俗话说"智者千虑，必有一失"，如何使自己在谋划事情的时候，尽力做到无懈可击，是需要好好考虑的问题。无懈可击其实是极难的，所以鬼谷子认为，"唯圣人然后能任"。

轻率是干事业的大忌。一个小小的疏忽，就可能打乱所有的计划。在战争中，所有的统帅都知道，任何时候都不要寄希望于敌人不攻打自己，而应该有充分的准备，让敌人无机可乘，让自己无懈可击。平时做到"有备无患"，战时就不至于手忙脚乱，仓促应战，才能把主动权牢牢抓在自己手里，立于不败之地。

孙叔敖深谋远虑

楚国名士孙叔敖，是期思（在今河南淮滨东南，与安徽霍邱接壤）人，他姓蒍，名敖，字孙叔，又字艾猎，后人多称之为孙叔敖。

孙叔敖自幼受到良好的家庭教育，勤奋好学，尊敬长辈，聪明仁智，心地善良，他义杀两头蛇、为民除害的故事千百年来广为流传。相传孙叔敖少年时，曾遇一条长着两个头的蛇，当时有传言说认为见此蛇者必死，孙叔敖想：要死只我一人，不要再叫旁人看见。于是，他斩杀了这两头蛇，埋入山丘，其品德受到后人的称赞。据《荀子·非相》记载，孙叔敖成年以后相貌非常难看，身材十分矮小，短发秃头，两腿不一样长。然而，他并不因此自卑，而是发愤读书，严于律己，注重道德修养，成了一名德才兼备、满腹经纶的人，在社会上享有很高的声望。

楚庄王亲政后，求贤若渴，希望有贤士能人协助他富国强兵、逐鹿中原。当时担任令尹（楚国相，相当于后来的丞相）的虞丘年岁已高，但尚贤荐贤，他给楚庄王讲述了孙叔敖的事迹和为人，夸赞他品德高尚、学问渊博，举荐孙叔敖来取代自己的职位。庄王采纳了虞丘的建议，派使臣用国王乘坐的专车去迎接孙叔敖来郢都（今湖北江陵西北）执政。

官吏和百姓听说孙叔敖担任了令尹，都纷纷赶来向他道贺。但众人之中偏偏有位老者身穿粗麻布衣，头戴白帽，俨然一副吊丧的打扮。孙叔敖闻听此事，忙整理好衣冠出来，谦虚地问老者："楚王让我担任令尹这样的高官，我才疏学浅，不能担此重任。您来吊丧，莫不是有什么话要指教我吧？"

老者说："是啊。当了大官，对人骄傲，百姓就不再亲近他；职位高，又大权独揽，君主就会厌恶他；俸优禄厚，却不知道满足，祸患就会降临到他身上。我为你感到悲哀，故此来吊丧。"

孙叔敖一听，向老人拜了两拜，说道："说得好！我还想听听您其余的意见。"

老者又叮嘱说："地位越高，态度越要谦逊；官职越大，处事越要小心谨慎，俸禄优厚；就千万不要贪得无厌地索取。您牢记这三句话，就能够把楚国治理好。"

孙叔敖说："我一定牢牢记住。"上任后，他果然没有忘记老者的话，体察民间疾苦，日夜操劳，为百姓办了不少好事。他在短短的几个月内，就使整个楚国社会安定，百姓安居乐业，出现了一派升平的景象。

孙叔敖以自己的一套办法治国，让楚国经济迅速发展。他不仅鼓励垦荒，劝课农桑，大力发展粮食生产，还引导百姓顺天应时，因地制宜地开发楚国众多的山林资源。秋冬是农闲季节，他让官府引导百姓进山砍伐竹木，猎取禽兽；到了春夏季节，江河多水，河水上涨，孙叔敖让百姓用河水将竹木运出，百姓还可以捕捞鱼虾。这样，既为国家增加了有用之才，也让百姓获得更多的收入，使得楚国国富民强，国力大增。

孙叔敖为人机智，为政灵活。他制定"施教导民"的治国安邦方略，即不靠政令强制推行某些决定，而是引导人民。楚国民间的习俗是将马车造得低矮，并以此为美。可是，马高车矮，马匹行走不便，车行不快。楚庄王打算下令让人们将矮车改造成高车。孙叔敖却认为，移风易俗，不能简单地靠行政命令。况且，政令太多，百姓将无所适从。不如将乡间的门槛提高，让矮车无法通行，并将官府的车辆变成高车，自由通行。让乡官将闾里街巷的门槛加高，使矮车很难通过。庄王按其主张处理此事，乘车人考虑到经常上下车的不便，都将矮车改为高车，只半年的工夫，楚国上下都用上了稳定、灵活、行车迅捷的高大马车。孙叔敖此举后来在《史记》中被司马迁称赞为"不教而民从其化"。

孙叔敖不仅治理有方，还是一位工程水利专家。在他主持下，楚国在淮河流域修建了一个著名的水利设施——芍陂，陂又称安丰塘。这一带原本荒凉低洼，东、南、西三面都是连绵起伏的大别山，春夏山洪下泄，涝灾时有发生。芍陂在今安徽省寿县安丰，又称安丰塘，实际是一座大型水库。孙叔敖命人在北面修筑了一座大堤堰，将东面的积石山、东南的龙池山和西面的龙家山的山脚连接起来，构成一个大型的水库，山洪河水灌注其中，并通过水闸，控制蓄水泄流，可灌溉大片农田。淮河以南的寿春，是楚国的主要粮食产地之一，芍陂的建成，不仅有效地防止了淮河水患，还灌溉了大片良田，保证了楚国经济基础的稳固。

芍陂在灌溉、航运、水产养殖等方面都起到了巨大作用，促进了社会生产的发展。尽管芍陂因战乱等原因，历代时废时兴，但这座千年水库经过后代的整治，一直到今天仍然焕发着青春。人们一提起它，就会想到这个水利工程的者——孙叔敖设计、兴造芍陂的历史功绩。

孙叔敖还是杰出的军事家。他作为百官之长，特别重视整军习武。据《左传》记载，他选择适合于楚国的条文，立为军法，对各军的行动、任务、纪律等都制定了明确规定。他制定了特殊的策略使步卒和车兵互相配合，将军队分为前、后、左、右、中五个部分，各司其职、互相呼应。百官分类任职，各种部队和各级军官具有不同的旗号，按旗发号施令，指挥部下行动，使全军有条不紊，整齐划一，大大增强了军队的作战能力。

公元前597年，楚庄王和孙叔敖率军出征郑国，很快就攻破了郑国的国都，迫使郑国与楚订立了盟约。晋国得知楚国攻郑，便出兵救郑。于是，楚晋之间发生了继城濮之战后的又一次大战——邲之战。孙叔敖利用晋军内部不和的弱点，鼓动楚军勇猛冲击，打得晋军措手不及，仓皇溃散，最后楚胜晋败，是孙叔敖助的一场决定性战役。此后，晋国势力日趋衰落，楚国也由此奠定了春秋霸主的地位，鲁、宋、陈、郑等国，相继归附于楚。楚成就霸业，饮马黄河，成为雄视中原的霸主之一。

因为孙叔敖协助楚庄王处理政事有功，楚庄王屡次要赐予他封地，但他坚信老人当年告诉他的，俸优禄厚，却不知道满足，祸患就会降临到他身上，于是坚持不受，不为富贵所动。他还曾经告诫儿子："我活着多次没有接受大王的封地，一旦我不在了，大王必定还会封给你城邑，到时，你一定不要接受大家都想得到的土地肥沃的城邑。在楚越边界有个叫寝丘的地方（约在今河南固始、沈丘两县之间），低洼贫瘠，土质多沙石，地名也不吉利。历来没有人愿意要它。你只管要这块土地，能保你衣食饱暖，且不会失去。"

后来，孙叔敖病重，自知不久于人世，便又告诫儿子说："我死了以后，如果你穷困潦倒，可以去找优孟帮助。"

孙叔敖死后，楚庄王果然逐渐将其忘怀。孙叔敖清正廉洁，家中竟无一点积蓄，他死后几年，孙叔敖的妻子、儿子因家贫如洗，经常要靠砍柴挑卖来补贴家用。孙叔敖的儿子想起父亲的遗言，找到优孟请求帮助。优孟是楚国的一位艺人，幽默滑稽，能言善辩，常得楚庄王欢心，又好以谈笑讽谏政事。孙叔敖知道他是个贤才，平素就待他相当好。优孟了解到他的窘境，深表同情。于是，优孟开始模仿孙叔敖的言语动作，过了一年多，就把孙叔敖的一言一行都学得惟妙惟肖。

一次，庄王设宴，优孟穿戴起和孙叔敖生前一样的衣帽，模仿孙叔敖的音容笑貌，上前把酒祝寿，楚庄王恍惚间以为是孙叔敖复生，不禁感慨万千，想起孙叔敖生前的贡献，立即召来孙叔敖的儿子，要封他一块好地。孙叔敖的儿子牢记父亲的告诫，不敢接受，只请求封于寝丘。庄王虽然诧异，但是不予强求，便把寝丘封给了他。按楚国的惯例，功臣的封地经过两代就要收回。但由于寝丘之地人皆弃之，孙叔敖家族的封地没有人愿意要，一直到汉代，孙姓子孙依然在寝丘繁衍生息。孙叔敖从寝丘的不利之处，为后代谋求了长远之利。

孙叔敖目光长远，注意到了每一处细节。

故物归类①，抱薪趋火②，燥者先燃；平地注水，湿者先濡。此物类相应，于势譬犹是也。此言内符之应外摩也如是，故曰摩之以其类，有不相应者，乃摩之以其欲，焉有不听者？故曰独行③之道。夫几者④不晚⑤，成而不拘⑥，久而化成⑦。

【注释】

①物归类：事物各有自己归属的类别。

②抱薪趋火：抱着柴薪，走进火堆。

③独行：节操高尚、独立而行。

④几者：通晓机微。

⑤不晚：不失时机。

⑥成而不拘：把事情做成也不保守不前。

⑦久而化成：天长日久，就能化育万物。

【译文】

世上万事万物都有各自的规律，例如，抱着柴薪走进火堆，总是干燥部分先燃烧起来；往平地倒水，总是潮湿的地方先湿透。这些都是与物性相适应的，以此类推，其他事物也是如此。这就是"内符"与"外摩"相呼应的道理。所以说，按着事物的特性来施行"摩"术，岂有不响应之理？依据其人的欲望来施行"摩"术，岂有不听之理？圣人深谙其中奥妙，所以说，这是圣贤独行之道，只有他们才能施用"摩"术并确保成功。凡做事有法度者，都会把握好时机，有成绩也不居功，并且持之以恒，最后一定会成功。

【鬼谷智囊】

你说的话、你做的事，怎样才能深入人心？施行鬼谷子的"摩"术，怎样才能确保成功？在鬼谷子看来，只要做到"摩之以其欲"就可以。用现代的话来讲，"摩之以其欲"就是要体察人性。

薛公献宝得先知

战国时，齐国的王后亡故，齐国的相国薛公想到，如果自己能在齐王说出来之前主动进行推荐，而且推荐的女子正是齐王的意中人，那么自己不仅能得到皇上的信任，让自己的意见更容易被采纳，还会受到新王后的感谢，得到高官厚禄，前途无量。但是，在后宫众多的嫔妃中，有七个妃嫔都受到齐王宠爱，齐王为了不让那些喜欢拍马屁的人有可乘之机，在众人面前对七名爱姬是一视同仁、平等对待的。如果做了与齐王预想不同的推荐，不但推荐会被驳回，新的王妃也会冷淡自己，自己的处境就会很困窘。薛公久久苦思：齐王究竟最想让谁成为王后呢？

薛公想着想着，眼睛一亮，叫来了自己的侍臣，吩咐他们准备七副玉质耳饰，其中一副要经过特别加工打造，最为美观漂亮。待手下将东西准备好以后，薛公马上将七副玉质耳饰献给齐王。

薛公入宫拜见齐王时，发现最美的玉珥戴在一位爱姬的耳朵上，就郑重向齐王推荐这位爱妃，建议让她成为王后，说她如何多才多艺，道德高尚，品德高尚，是母仪天下的最好人选。齐王也觉得他的推荐正中下怀。

有了好东西，肯定送给自己最喜欢的人。薛公就是这样看出了齐王的心思，从而得到宠信。

申包胥哭来秦兵救楚国

楚国大夫伍子胥与申包胥两人私交甚好，后来伍子胥因受楚王追杀被迫出奔吴国之前，曾对申包胥说："我一定要颠覆楚国。"申包胥说："我一定使它保存下来。"等到伍子胥率吴军攻入楚国的郢都以后，到处寻求楚昭王，要报当年逼杀父兄之仇。找不到楚昭王，就掘开楚平王的坟墓，抬出楚平王的尸体，抽打了三百鞭之后才算罢休。

这时申包胥逃进深山之中，他派人告诉伍子胥说："您报仇的方法简直太过分了！我听说，人多力量大，可以战胜上天，上天的意志决定也能打破人力。您过去曾是平王的臣子，曾面北而事奉过他，而今却鞭笞死人，这岂不是太无视天道了吗？"伍子胥对来人说："请代为我感谢申包胥．对他说，我眼下日暮而途远，所以我要倒行逆施。"

于是申包胥就跑到秦国，去向秦国请求救兵。秦国不答应出兵。申包胥站在秦国朝廷之上，昼夜痛哭，连续哭了七天七夜。

秦哀公觉得申包胥实在可怜，说："楚王虽然无道，但有这样的臣子，这个国家能不保存下来吗？"于是就派遣500辆战车援救楚国。

这年六月，秦军在稷地打败了吴军，楚国终于得救了。

申包胥体察秦哀公的心事，用哀求打动了他。

第九篇　权^①第九

【题解】

　　"权"者，是度量权衡的意思，这是游说活动的根本方法之一。号称"纵横之祖"的鬼谷子，对于"权"术有着独到的见解。在本篇中，他全面阐释了"权"术的原则和方法。鬼谷子认为，对游说对象的度量乃是游说之本。通过对方的言谈，可权衡出对方的智能、品性和欲望，找出其弱点作为游说的突破口，以实现自己的游说意图。要做到这一点并不容易，游说者不但要耳聪目明、智慧超人，还要拥有杰出的语言表达力。

　　说者，说之也^②；说之者，资^③之也。饰言^④者，假^⑤之也，假之者，益损^⑥也；应对^⑦者，利辞^⑧也，利辞者，轻论^⑨也；成义者，明之^⑩也，明之者，符验也。言或反覆，欲相却也。难言^⑪者，却论^⑫也，却论者，钓几^⑬也。佞言者，谄而干忠；谀言者，博而干智；平言者，决而干勇；戚言^⑭者，权而干信；静言^⑮者，反而干胜。先意承欲者，谄也；繁称文辞者，博也；纵舍不疑者，决也；策选进谋者，权也；先分不足以窒非^⑯者，反也。

【注释】

①权：天秤用的砝码，可衡量物量的变化。
②说者，说之也：所谓游说就是说服他人。
③资：资益的意思，也就是给人利益或贡献。

④饰言：修饰性的语言，也就是很好听的话。

⑤假：不真实。

⑥益损：增减的意思。

⑦应对：巧妙处理。

⑧利辞：权宜之计或暂时敷衍的言论。

⑨轻论：轻视好的言论。

⑩成义者，明之：具有义理的语言，要阐明其真伪。

⑪难言：指责对方言辞的话。

⑫却论：反对论调。

⑬钓几：诱出对方心中所隐藏的机微之事，几通"机"。

⑭戚言：面带忧色的言论；戚是忧的意思。

⑮静言，心平气和时所说的话。

⑯窒非：责备他人的过错。

【译文】

凡游说一定要借言辞打动人。凡游说一定要准备回答他人的问话，准备好机变的辞令；所谓机变的辞令，为的是能轻松地辩论。符合义理的言论，必须要辨明真伪，使人明白；要使人明白义理，除了辨明真伪外，还要符合其心理需求。游说的难点在于"却论"，即责难对方的言辞，使对方放弃原先的论调。却论最根本的方法是"钓机"，即以诱惑的语言为饵钩，钓出对方心中的机密，然后有针对性地说服他。用花言巧语游说人，因谄媚而显得忠诚；用奉承的话语游说人，因博学而显得多智；用平实的语言游说人，因果决而显得勇敢；用忧愁的语气游说人，因善权变而显得有信用；用稳健的态度游说人，因改变对方主张而获得成功。谄媚的，是因为预先揣测对方意图，奉承对方欲望；博学的，是因为言谈中旁征博引，文采斐然；权变的，是因为优选策略，博取对方的欢心；果决的，是因为取舍之间毫不犹疑；改变对方主张的，是因为责难对方观点中的错误，使他信服。

鬼谷子在这里列举了多种说话的语气，如佞言、谀言、平言、戚言、静言。在鬼谷子看来，这些语气本身并没有对错之分，关键看如何使用。

华元敢作敢为化危机

春秋时期，楚国围困中原的宋国。宋国人认为楚军远离故土，战线拉长，军需供应困难，不会长期驻兵在外，所以就将粮食、柴草都隐藏起来，等楚军粮尽，丧失了战斗力，自然就会不攻自退。但是楚国看穿了这个策略，虽然打算要撤兵离去，却命令全军在城外开垦土地，假装在开荒盖房子，让宋国感觉楚军有长期驻扎的准备，试图给宋国施加压力。战争从当年九月出兵宋国，一直打到来年的五月，足足有八九个月，宋国城里的粮食都快吃完了。

宋国大将华元说："我看楚国并无撤兵的意思，如果这样下去，我们马上就快支持不下去了，只有我潜出城外进入楚军，去见楚军主帅公子侧，请求议和，也许能成功。"大家也想不出更好的办法，就依照华元的主意办了。

当夜，宋人把华元从城墙上吊下去，华元在城里的观察楼里看敌情时，知道公子侧的驻地，就熟门熟路地直接来到楚军统帅公子侧的营帐中。只见公子侧喝醉了酒，正伏在案边酣睡。华元先整束好公子侧的衣服，把他搬坐起来，然后才唤醒他，陈述来意说："我为两国的战事而来，这仗再打下去，对谁也没好处。楚围宋都已经有九个月了，城内的粮食也已经吃光，现在城内百姓都互相交换着吃孩子，把人骨头当柴烧，真是困难到了极点。但即使这样，投降也是不可能的，我们上下一条心，宁为玉碎，不为瓦全，誓与国都共存亡！想逼迫我们签订屈辱的城下之盟是绝对不可能的。贵军如果能退兵三十里，我国愿与楚国结盟，这对两国都有好处，我国的百姓都会感激楚国的。"说完他从怀里摸出一把匕首，亮晃晃地一摇说："如果你不答应我的要求，我华元就和元帅同归于尽！"

这突如其来的举动惊得公子侧目瞪口呆，他赶忙制止华元说："宋国被困到了现在这种程度，我怎么忍心再去加剧这种惨相呢！"于是他请示楚王，和宋国订立盟约后撤兵回国，华元跟随到了楚国办理两国结盟事宜。

华元惨烈的语气表示了他的决心，也打动了公子侧。

故口者，机关^①也，所以关闭情意也；耳目者，心之佐助^②也，所以眮见奸邪^③。故曰参^④调而应，利道^⑤而动。故繁言而不乱，翱翔而不迷，变易而不危者，睹要得理。

【注释】

①口者机关：嘴是表达或隐瞒意思的器官。

②佐助：帮助，辅佐。

③奸邪：奸是恶，邪是不正。

④参：指心、眼、耳三器官而言。参同三。

⑤利道：关于有利的道。

【译文】

口是言语的机关，用它来开闭人的情感之门。耳目是心灵的辅助机关，可以窥见人的奸邪。所以说，只要口、耳、目三者相互呼应，因势利导，就会走向成功。言辞繁多也不纷乱，思绪翱翔也不迷惑，局势有变也不危急，这就要求在观物时要切中要害，掌握真理。

【鬼谷智囊】

一个优秀的雄辩家，不单逞"口舌之辩"，而是将其与目视、耳听、心思三者结合起来，力争做到有理有据，从而在处事和论辩中无往而不胜。

鬼谷子说"耳目者，心之佐助也"，其实是说要注意观察，积累经验，在此基础上进行分析和判断。但是，在某些特殊情况下，自己亲眼所见的事实也不一定可靠，还要依赖于对人和事的正确判断。

愚公劝桓公整司法

春秋五霸之一的齐桓公有一天外出打猎，看到一只矫健的梅花鹿，于是就拉弓搭箭向着梅花鹿射了出去，但是没有射中，梅花鹿受到惊吓，飞快地逃跑了。齐桓公策马紧追不舍，一直追进了一个山谷里。梅花鹿不见了，齐桓公发觉自己已经迷路了。正在着急之时，齐桓公看见一个老翁走了过来，便上前问他："老人家，这是什么地方？"

老翁说："愚公之谷。"

"为什么叫这样的名字呢？"齐桓公又问他说。

老翁说："是用我的名字来命名的。"

齐桓公仔细看了看老者，疑惑不解地问："我看老人家的仪表，毫无愚蠢之状，为什么说你是愚公呢？"

老翁就说："让我把自己的故事讲述给你听吧。我原来喂养了一头母牛，母牛生了一头小牛，后来小牛逐渐长大了。我就把长大的小牛卖掉，用这笔钱买了一头小马驹。一个年轻后生看到我放牧一头母牛，后边还跟着匹马驹，就强词夺理说：'你前面牵着一头牛，后面跟着的却是一匹马，牛怎么会生出马来呢？你这马莫不是偷的？这匹马是我的，你偷了我的马。'说完便强行把马牵走了。乡亲们听说这件事以后，都说我真愚蠢，小马驹被别人抢走了，为什么不知道向官府去告状？于是他们把我叫作愚公。又因为我从小就住在这个山谷里，因此乡亲们就把这个山谷命名为愚公之谷。"

齐桓公说："老人家你确实有点愚蠢，既然那小马是你用辛勤喂养的牛换来的，为什么你要把马白白的地了那个年轻人呢？"

老翁笑而不语，随后便用手给桓公指了回到京城的路。齐桓公告别了老翁，回到了都城，第二天上朝时，他把这件新鲜事告诉了相国管仲。

管仲听到这件事后，脸色变得严肃起来。他拜了两拜说："在君王的属土之内竟然出现这样的事情，这是我管仲的过失啊。假如在尧帝统治的时代，皋陶为掌管刑狱的官员，哪里会发生强抢人家马驹子的事情呢？那个时代里，即使发生了这样的情况，老翁也一定不会给，而是要找地方跟抢马的人评理啊。这位老翁知道今天司法不公正，所以遇到巧取豪夺的人，只好乖乖地让人夺去他的马啊。这不是一个老头愚蠢的问题，而是社会治理不力的问题。让我回去整顿一下政事，使司法公正，惩恶扬善吧。"

齐桓公十分赞成管仲的意见，支持他整顿法治。

愚公通过一件小事，却隐含了对于局势的控诉。

故无目者不可示以五色，无耳者不可告以五音。故不可以往者，无所开之也，不可以来者，无所受之也。物有不通者，圣卜故不事也。古人有言曰："口可以食，不可以言。"言者，有讳忌也。"众口铄金^①"，言有曲故也。

【注释】

①众口铄金：如果有很多人都这样说，无论如何坚定的心都会动摇。比喻为人应考虑流言飞语。

【译文】

对于盲人，不应给他看五色；对于聋子，不应给他听五音；因此，对于冥顽不灵的人，就不要试图开导；对于不可交往的人，也没有必要接受。对于那些不通情理的人，不必与他谋事。古人说："嘴可以吃饭，不可以随便说话。"因为有些话说出来是犯忌讳的。众口铄金，积毁销骨，谣言也是可以歪曲事实的。

所以，古人说："嘴可以吃饭，不可以随便说话。"不说废话，不犯忌讳，这些全在于自己的收敛。

【鬼谷智囊】

鬼谷子认为，即便是有雄辩之才，也应该谨言慎行。有些话说出来没有效果，根本没必要说。有些话说出来犯忌讳，容易伤害别人，一定不要说。所以，古人说："嘴可以吃饭，不可以随便说话。"不说废话，不犯忌讳，这些全在于自己的收敛。

郑袖三言两语除情敌

楚怀王的夫人郑袖，美丽动人，伶俐敏慧，很得楚王宠爱，她也凭着自己的美貌和智慧，费尽心思地把贪婪、好色、愚昧的楚怀王紧紧掌握在手中。

一次魏王赠送给楚王一位年轻貌美的女子，喜新厌旧的楚怀王一下就被她迷住了。

楚怀王与新夫人出则同行，入则同坐，郑袖眼见被人横刀夺爱，心头的妒火如同毒蛇一般燃烧着她的心。但她表面装出若无其事的样子，不向楚王啰唆，也不发半句牢骚，还对那位新夫人照顾有加。新夫人爱好什么衣服，喜欢什么玩物，郑袖一定给她办到；她要把房子怎样布置，郑袖也很快弄好。对新夫人的关怀，比楚王更加周到，如有外国进献的奇珍异宝，必定把最好的留给新夫人；如果有什么可口的食品，必定会留一份给新夫人；

还在楚王面前，大赞新夫人的长处，夸她如何贤德如何美妙。郑袖对新夫人，就好像比对君王还要喜爱一样。

新夫人对这位"老大姐"也感激非常，凡事都要大家商量，与郑袖亲昵到以好姐妹相称，还请郑袖指导她怎样去增加丈夫的快乐。

楚王见这对如花似玉的夫人相处得这么好，心里也十分高兴，楚怀王感到自己得到了郑袖，就得了天下最贤德的夫人，说道："谁说女人都是嫉妒的？看看我的正官夫人，多么大度，多么宽容，她晓得我喜欢新夫人，比我还要关心她，真是个好女人啊！"郑袖知道楚王绝不怀疑自己会呷醋，暗自高兴。

有一次，郑袖和新夫人闲谈的时候，做出无意的样子，对新夫人说："大王对我说你可爱极了，又漂亮聪明，又温柔体贴。而且精通文墨，会弹唱，只有一点，大王嫌你的鼻子略尖了点儿！"

新夫人摸一摸鼻子，十分急切地讨主意说："姐姐呀，这可如何是好呢？时间长了大王会不会慢慢地厌烦我呢？"

郑袖若无其事地说："这也没有什么了不起的。你以后见到大王时，轻轻把鼻尖掩一掩不就行了吗？"

新夫人认为这办法好得很，以后每次与楚怀王相伴，便手捂着自己的鼻子。

楚王大惑不解，觉得不方便直接问新夫人，便私下问郑袖："为什么新夫人近来每次见到我时，就把鼻子掩起来？"

郑袖装出害怕的样子，低声说："她曾经跟妾身说讨厌大王身上的体臭，所以会忍不住掩住鼻子！"

"真是不知死活的贱人！我身为国王，身上竟有臭味？真是岂有此理！"这位喜怒无常的楚王发怒了，猛力把桌子一拍，狠狠地咆哮起来，"来人哪！快去把那贱人的鼻子割下来！"

君主的宠爱单薄如纸。可怜那单纯的新夫人到死都不知道，自己是被最信任的"姐姐"害了。新夫人的鼻子被割掉了，她被永远地打入冷宫，郑袖打倒了情敌，立即就又独宠专房，做着她的正宫王后。就是因为新夫人单纯的几句话，给自己惹来了杀身之祸。

人之情，出言则欲听，举事则欲成。是故智者不用其所短，而用愚人之所长，不用其所拙，而用愚人之所工，故不困也。言其有利者，从其所长也；言其有害者，避其所短也。故介虫①之捍也，必以坚厚；螫虫②之动也，必以毒螫。故禽兽知用其所长，而谈者亦知其用而用也。

【注释】
①介虫：介就是甲或盔甲，介虫是带有甲壳的昆虫。
②螫虫：指能用毒针来刺人的虫子。

【译文】
只要自己说的话，就希望人家听进去；只要自己办的事，就希望它能成功。这是人之常情。因此，一个聪明人不用自己的短处，而用愚人的长处；不用自己的弱项，而用愚人的长项。这样，就避免使自己陷于窘迫。说到有利的一面，就要发挥其长处，说到有害的一面，就要躲避其短处。甲虫自卫，一定是用它那坚厚的甲壳。螫虫自卫，一定用它那致命的毒螫。禽兽尚且懂得发挥自己的长处，游说者就应该懂得利用自己的长处。

【鬼谷智囊】
前面"捭阖篇"提到过趋利避害，这里的"扬长避短"，其实是趋利避害的一种手段。一个人只有善于扬长避短，才能趋利避害，获致吉祥。扬长避短是一种智慧。在生活中，人人都需要这种智慧。

在古代战争中，将帅在考虑问题时，应该兼顾利害。战争中的利与害，亦虚亦实，互相依存，互相转化，是对立统一的关系，贯穿于战争的全过程。在实施作战指导时，应根据利害关系，决定策略，充分发挥我之长处，避开我之短处。

巫臣联吴制楚兴霸业

"联吴制楚"是春秋时期楚国亡臣申公巫臣为晋景公提出的复兴霸业的谋略。

春秋时期，晋楚长期争霸。公元前632年，晋楚城濮（今山东鄄城临濮集）之战，晋文公完成"取威定霸"的业绩，使楚北上再次受阻。

公元前597年晋楚邲（今河南荥阳东北）之战，楚庄王饮马黄河，雄视北方，使晋国的霸业中衰。

此后，秦楚联合对晋，齐鲁附楚，晋以今山西南部及河南陕西之一部地域，处于四面受敌的不利形势之下。

晋景公即位后，立志复兴霸业，改变与楚争霸的不利态势。他首先采取软硬兼施，一打一拉的手法，争取与齐国建立了联盟，摆脱了四面受敌之困境。但是，秦、楚联合，楚无后顾之忧，晋从正面进攻，仍不易制伏楚国。

公元前589年，齐晋鞍之战的时候，楚国大夫巫臣因为娶夏姬之故，投奔晋国，晋景公任命他为邢（今河北邢台市西南）大夫。楚人尽灭巫臣的族人。巫臣大怒，于是他于公元前584年向晋景公献"联吴制楚"的谋略。

晋景公采纳了巫臣之谋，并采取了一系列谋略行动：他重新调整了自己的战略重点，以中原先进的装备和技术重点扶持吴国的发展；他派巫臣父子随带兵车及步卒做示范队，出使吴国，教吴人射箭、驭马、车战、步战之法；集中力量慑服中原楚的属国，削弱楚的力量。

上述谋略行动，使远在东南的吴国日渐兴起，在楚国的翼侧不断进犯，使楚陷于两面作战，疲于奔命的不利境地。从而为晋国战胜强楚，复兴霸业奠定了基础。

"联吴制楚"之谋的成功运用，使得楚国一蹶不振，并开启了吴越争霸的序幕，这对春秋晋楚长期争霸形势的转变起了关键性的作用。

故曰辞①言有五：曰病、曰恐、曰忧、曰怒、曰喜。病者，感衰气而不神也；恐者，肠绝②而无主也；忧者，闭塞而不泄也；怒者，妄动而不治也；喜者，宣散而无要也。此五者，精③则用之，利则行之。

【注释】

①辞：外交辞令。

②肠绝：这里引申为过度悲伤。

③精：精于言辞的人。

【译文】

一般而言，在外交辞令中有五种言态：一是病态之言；二是幽怨之言；三是忧郁之言；四是愤怒之言；五是喜悦之言。病态之言是神气衰弱，而无精神；幽怨之言是悲观过度，没有主见；忧郁之言是情感闭塞，不能畅言；愤怒之言是气急发怒，不能自制；喜悦之言是宣泄于外，不得要领。以上这五种言态应尽力避免，但精于言说者也可一用，若用之有利，则不妨付诸实行。

【鬼谷智囊】

我国古人十分重视修身，修身最重要的一点就是控制自己的情绪。在与人交往中，尤其要注意这一点。在这里，鬼谷子简单列举了病言、怨言、忧言、怒言、喜言五种情绪化的语言，以提醒我们注意。善于控制情绪，是修身中最重要的功课；善于利用情绪，是交往中的一个重要原则。

宽容是君子必备素养

大将韩信在很小的时候屡屡遭到周围人的歧视和冷遇。一次，一群恶少当众羞辱韩信，一个人让他从自己的裤裆下钻过去。韩信自知不敌，就从那个人的裤裆下钻了过去。韩信被封为齐王后，找到了曾经让他受胯下之辱的人，那人得知韩信已被封为齐王，以为韩信要杀他报仇，吓得跪在地上，连连求饶。但韩信不但没杀他，反而把他封为督尉，并且对大家说："我当时并不是怕他，难道不能杀了他吗？可以，但杀之无名。何况我忍下当年的耻辱才有了今天，所以如今我也不会杀他。"

韩信有权杀了那个人，他不仅没有这样做，反而将那人招为己用，可见韩信有一颗宽容的心。这在那个时代是难能可贵的。学会了宽容与忠恕，离君子和"中庸"之道也就不远了。

如果韩信的宽容是不计前嫌，那么楚庄王的宽容则是不拘小节。

一次楚庄王班师回朝，以酒宴招待文武大臣，特别叫最宠爱的美人许姬向文臣武将们敬酒。黄昏的时候，大家都仍未尽兴，忽然一阵疾风吹过，灯火熄灭了，这时有个人趁机拉了庄王心爱的许姬的衣服，许姬也机警地扯断了对方帽子的带子，并且回到楚庄王面前告状说："刚才黑暗中有人拉我的袖子，我就扯断了他帽子上的带子。请大王赶快点灯，找出刚才无礼之人。"

楚庄王说："此次君臣宴饮，大家都吃醉了，酒后失态乃人之常情，此事若要较真，岂不大煞风景？"于是就交代左右的人说："今天晚上各位同我一起喝酒，现请诸位都去掉帽子上的带子，以便更加尽兴饮酒，不把带子扯断就是不尽兴。"于是一百多位文武大臣都扯断帽子上的带子，楚王这才命人点上蜡烛，最后君臣尽兴而散。

两年后，晋国和楚国交战，有一个将领总是在前面冲锋陷阵，两军数次交锋，数度奋战，他带头击退了敌人，最后终于获得胜利。楚庄王就感到很奇怪，问道："我的德行浅薄，又不曾特别优待你，你为什么毫不犹豫地为我出生入死到这样的地步呢？"

那位大臣答道："我从前喝醉而失去了礼节，应该被处死啊。君王您隐忍而不诛杀我，我始终感怀您的恩德，想报答您，常常希望自己能够肝脑涂地，为您牺牲，用我的热血飞溅到敌人身上去。那天晚上被扯断帽带子的人，就是我啊。"

故与智者言依于博[①]，与博者言依于辨，与辨者言依于要[②]，与贵者言依于势，与富者言依于高[③]，与贫者言依于利，与贱者言依于谦，与勇者言依于敢[④]，与愚者言依于锐，此其术也。而人常反之。是故与智者言，将此以明之；与不智者言，将此以教之，而甚难为也。故言多类，事多变。故终日言，不失其类而事不乱。终日不变而不失其主，故智贵不妄。听贵聪，智贵明，辞贵奇。

【注释】

①博：博学多闻的意思。

②要：枢纽、要点。

③高：指精神高度集中。

④敢：果敢进取的气质。

【译文】

所以与聪明的人谈话，要显露你的博学，使对方看重你；与笨拙的人谈话，要发挥你的辩才，使对方领悟；与善辩的人谈话，要抓住要害，避免陷入争辩；与高贵的人谈话，要论说时势，以势制伏对方；与富人谈话，要显得你很清高，使其难以夸耀财富；与穷人谈话，要谈及利益，以驱使对方动心；与卑贱的人谈话，要显得谦恭，以维护其自尊心；与勇敢的人谈话，要表现得果敢，使对方信任你；与有过失的人谈话，要以锐意革新为原则，使其前进。以上都是游说的基本原则，可惜现实中人们常常背道而驰。所以，与聪明的人谈话，主要是与他探讨义理，使之彰显；与平常的人谈话，主要是向他传授义理，使之领悟。事实上，这些都很难做到。谈话有多种方式，事情有多种变化。若能了解对方属于何种类型的人，知道该种类型的人应采取何种策略，这样即使终日谈论，也不会把事情搞乱。无论事情如何变化，也不会偏离主要精神。因此聪明的人从不妄加言说，他们听人言说，能做到深入其心；运用智慧，能做到明辨是非；言语交谈，能做到出奇制胜。

【鬼谷智囊】

鬼谷子认为，与智者、拙者、辩者、贵者、富者、贫者、贱者、勇者这些不同类型的人交谈，所使用的方式是截然不同的。现实生活中，说话不光要看一个人的贫贱、富贵、智拙，还要根据他的生活环境、性格特征来综合考虑。

不同生活背景和文化背景的人会有不同的思维定式，对于圈内的人来说，相互理解起来更容易，但对于圈外的人来说，几乎无法沟通。交谈之前要先了解对方，才能达到有效的沟通。

戴晋人阻止战争

战国时期，各国之间为了争夺土地和权力征战不断，为了增强战斗力，国家之间常常缔约结盟。

魏国与齐国两国结成同盟，在协议中约定：互相帮助，共进共退，得天下后共分疆土。可是没过多长时间，齐国就违背了协议，开始向魏国寻衅滋事。魏王听说齐国违约背叛了魏国，勃然大怒，便欲派刺客去暗杀齐王。

魏国将军公孙衍听到魏王想派人刺杀齐王的消息后，就去拜见魏王，对他说："大王是拥有万辆兵车的大国君王，却用一般老百姓复仇的办法刺杀齐王，这是说明魏国无能啊，我为魏国感到羞耻。我作为魏国的将军，愿意率领大军二十万，为君王去讨伐齐国，俘虏他的人民，牵走他的牛马，然后攻下他的国都，倾覆他的国家，把大将田忌赶走，在齐王亡国出逃的时候，打断他的脊梁骨。"

而不主张同齐国开战的贤士戴晋人给魏王讲了一个名为"蜗角之战"的寓言故事，他说："蜗牛头上生有两个触角。从前，有一个国家建立在蜗牛的左角上，叫作触氏国；还有一个国家建立在蜗牛的右角上，叫作蛮氏国。两国经常为争夺地盘而打仗，每次战争，战死者都成千上万。受伤的、被俘的，更是不计其数。败者狼狈逃窜，胜者穷追不舍，胜利的一方要十五天后才能班师回国。"

"哎，这估计是你虚构的故事吧。"魏王听后说。

"不，这不是我虚构出来的，请听我来证实。茫茫宇宙，大王觉得上下四方能够穷尽吗？"戴晋人说。

"这还用说吗？当然无穷无尽了。"魏王说。

戴晋人说："如果把心神遨游于无尽的境域之中，驰骋想象到无穷无尽的天地之间，再返还到四通八达的各国之间，它们不就是小到可有可无的程度了吗？君王知道这个道理吗？"

魏王不禁点头称是。戴晋人说："在能够到达四通八达的各国之间有个魏国，魏国有个大梁，大梁城里有个大王。这个君王和蜗角上的蛮氏相比，有没有分别呢？"

魏王恍然大悟地说道："没有分别。"戴晋人离开后，魏王自觉世间的纷争与宇宙之广大相比，不过是沧海一粟，心胸开阔了，对齐国的背约挑衅不再忧心如焚，没过多久就取消了对齐国的讨伐。

　　戴晋人用这种方式劝动了魏王，是基于对对方的了解之上的。

第十篇 谋①第十

【题解】

　　"谋"篇是"权"篇的姐妹篇。"权"是"权衡"；"谋"是"计谋"。显然，"谋"应建立在"揣""摩""权"的基础之上，故置于三者之后。本篇集中讨论了计谋在游说中的作用及具体运用。鬼谷子认为，"谋"术有两个重要原则，一是要立足实际，即所谓"谋生于事"，因此在设置计谋之前，必须详细掌握事情的真相和规则，并处理好奇与正的关系；一是要行事隐蔽，即所谓"圣人之道，在隐与匿"。智者用计无不追求隐而不露，只有愚人才会将所谋之事大肆张扬。

　　凡谋有道，必得其所因②，以求其情③。审得其情，乃立三仪④。三仪者：曰上，曰中，曰下，参以立焉，以生奇⑤。奇不知其所雍，始于古之所从。故郑人之取玉也，载司南之车⑥，为其不惑也。夫度材量能揣情者，亦事之司南也。

【注释】

　　①谋：策划。这里主要指谋划说服人的策略。

　　②因，依靠，凭借。

　　③情，实情，情形。

　　④三仪：指天、地、人，天在上，地在下，人居中。借用天、地、人三仪，指上智、中才、下愚。

　　⑤参以立焉，以生奇：三仪互相渗透，就可谋划出卓越的

策略。

⑥司南之车：中国古代发明的一种装有磁石的车。常指南方，以此为基准做行军时的向导。

【译文】

凡为人谋事有一定规律，首先必须查明事情的原委，以探得实情。审慎考核实情，然后确立"三仪"，即上、中、下三种策略。此三者互相参验，通过分析论证，就能定出奇谋。这样产生的奇谋所向无阻，自古以来便是如此。据说，郑国人入山采玉，必乘载带有司南针的车，为的是不迷失方向。为人谋事，一定要考量其才干、能力，揣测其实情，这是为人谋事不可或缺的指南。

【鬼谷智囊】

在这里，鬼谷子道出了出奇制胜的奥妙，"奇不知其所雍，始于古之所从"。正如孙子所说："凡战者，以正合，以奇胜。故善出奇者，无穷如天地，不竭如江海。"出奇制胜，正是优秀将帅的追求。

孔明豫山安林火烧粮草

刘备驻兵新野，请诸葛亮为军师，待之以老师之礼，常对关羽、张飞二人说："我有了孔明，犹如鱼之得水。"关羽、张飞见刘备信重一个青年书生，心里非常不高兴。

忽然，听说曹操派遣夏侯惇领兵十万，杀奔新野而来。张飞怨气未消，对关羽说："刘备大哥既信赖孔明，这次就派孔明去迎敌好了。"其实是想看诸葛亮的笑话。诸葛亮自从受聘为军师以来，这是第一次与敌人对阵。他知道自己胸中所学未曾展露，关、张等人对自己不服。虽然已有破敌良策，但恐诸将不听号令，便对刘备说："主公如果想让我调兵遣将，就请赐给尚方宝剑一用，以防关、张等人不听指挥。"刘备便将宝剑给了孔明。诸葛亮有了尚方宝剑在手，不怕诸将不服，便召集众将前来听令。诸将虽然不服孔明，但对敌兵来攻却不敢大意，于是急忙赶来，看孔明如何安排。

孔明见众将到齐，便开始调遣起来。他说："博望城左边有山，名叫豫山；右边有林，名叫安林，可以埋伏兵马。关羽领兵一千埋伏于豫山，敌人到时，不可与战，放过来便是。敌人的粮草辎重必在后面，只要看到南边起了火，就出兵进攻，烧了他们的粮草。张飞领一千人去安林背后的山谷中埋伏，看到火起，便去博望城中放火烧敌屯粮之所。关平、刘封带领五百人，预备引火之物，到博望坡后两边等候，等到敌人兵到，便可放火。赵云领兵为先锋前去迎敌，不许赢，只许输。主公您领兵一千为赵云后援。大家要依计而行，不许违令。"

关羽见孔明安排已毕，诸将皆有差遣，只孔明自己没事可干，问道："我们都出去迎敌，不知军师做些什么？"孔明说："我一介书生，不能上阵，只好坐守新野县城了。"张飞一听，大笑说："我们都去厮杀，你却坐在家里自在，天下有这样的好事。"孔明宝剑在手，说："尚方宝剑在此，违令者斩。"张飞只好冷笑而去。关羽心想，等他的计策失败时再来问他不迟。诸将皆不明白孔明的安排到底如何，心中疑惑不定，但又不能违令，只好依计领兵安排去了。孔明又对刘备说："主公今天就可领兵去博望坡下驻扎。明日黄昏，敌军必到。那时你便弃营而逃，见到火起再回头掩杀。"又命孙乾、简雍准备庆功喜筵，准备记功簿，专等诸人得胜回师。这下连刘备也疑惑起来，仗还未打呢，便准备庆功，难道诸葛亮真能以几千人打败曹操的十万大军吗？

却说夏侯惇与于禁等人领兵到了博望城，留一半人保护粮草在后慢行，自领一半精兵向前赶来，正遇上赵云领兵一千前来。

只见赵云的兵马队伍散乱，旗帜不整。夏侯惇大笑说："诸葛亮以这样的部队做前锋，无异于驱羊饲虎。看来，这次刘备、诸葛亮是捉定了。"赵云一听大怒，纵马来战。几个回合下来，赵云诈败，拨马便逃，夏侯惇于后紧追不放。追出十余里，赵云回马又战，打了几下之后又跑。曹将韩浩对夏侯惇说："赵云在诱我深入，敌人可能设有埋伏。"夏侯惇说："瞧敌人这副德行，即使有十面埋伏，也用不着害怕。"于是又纵马紧追。赶到博望坡，忽听一声炮响，刘备引军冲杀过来。夏侯惇大笑说："这便是敌人的埋伏了，不过千人而已。今晚我如不到新野，绝不罢兵！"

　　说罢引军来战，刘备、赵云不敌，急忙又逃。这时天色已晚，浓云密布，风也越来越大。夏侯惇只顾领兵追杀，道路越来越窄，两边芦苇遍地，树木丛杂。于禁一见，心里惊慌，急对夏侯惇说："道路越来越窄，树木丛生，应防敌人火攻。"夏侯惇突然明白过来，急令军马速回，可是已经晚了，只听背后喊声大起，关平、刘封所率士兵到处放火，一时间，四面八方都是烈焰，又值夜深风大，熊熊大火滚滚烧来。刘备、赵云回军掩杀，曹军人马争相逃命，自相践踏，死者不计其数。曹军粮草被张飞放火烧毁，博望城被关羽抢占。这一仗直杀到天明，杀得曹军尸横遍野，血流成河。夏侯惇急忙收拾残局，回许昌去了。

　　这一战，诸葛亮以几千人抗击十万曹兵，形势可以说是危险至极。但他却巧妙地利用了夏侯惇的轻敌心理，先以赵云为前锋迎战，令其诈败，诱敌深入。他预测到，夏侯惇有可能识破诱敌之计，故而又命刘备于地形宽阔处用兵，使夏侯惇误认为这便是埋伏之兵，遂不以为意，一路紧追不放，直至追赶到山势狭窄之处，而其真正的埋伏却不是兵，而是一场熊熊大火。因此，曹军人数虽众，却无用武之处，反而在大火的烧攻之下自相践踏，死伤无数。此战一胜，关羽、张飞等人对孔明佩服得五体投地。

故同情而相亲者，其俱成者也；同欲而相疏者，其偏害者也。同恶而相亲者，其俱害者也；同恶而相疏者，偏害者也。故相益①则亲，相损则疏。其数②行也，此所以察同异之分。故墙坏于其隙，木毁于其节，斯盖其分也③。

【注释】

①相益：互相有利。

②数：法则，道理。

③墙坏于其隙，木毁于其节，斯盖其分也："墙"又可写作"墉"，是指环绕住宅周围所建的土墙。恰如墙有一点点小裂痕就有崩毁的可能。而树是从有疖处开始腐败的。一般人事也是从同或不同的空隙处发生破裂。

【译文】

凡志趣相投的人联合谋事，事成后若双方都能得利，感情定会亲密；若仅一方得利，感情定会疏远；凡有共同憎恶的人联合谋事，若是同受其害，感情定会亲密；若仅一方受害，感情定会疏远。所以说，凡相互都能受益，感情定会亲密；凡相互受到损害，感情定会疏远。这是矛盾运行的必然规律。所以在为人谋事时，一定要考察彼此在各方面的异同。比如，墙壁都是由于有裂隙才倒塌，树木都是由于有节疤才毁断。人与人之间若有分别，就可能导致分裂。这就是事物的一般规律！

【鬼谷智囊】

人是社会性的动物。人生在世，免不了要与人合作。在鬼谷子看来，如果合作的结果，是让双方都得益，那就是成功的合作。若只有一方受益，另一方受损，甚至两方都受损，那就是失败的合作。与人合作，我们一定要谨慎行事，以免误人害己。

重耳奔秦获秦晋之好

春秋时期，晋献公死后，晋国内部发生了大乱。

就在晋国国内发生内乱时，秦国统治者乘晋之危，插手拥立夷吾为国君，这就是晋惠公。但晋惠公即位后，恩将仇报，对秦国统治者立即反目，发兵攻打秦国，结果失败，晋惠公也做了秦军的俘虏。

后来经人说情，晋国答应割让五座城池给秦国，并用太子圉作为人质去秦国，这样，秦穆公才将晋惠公释放回国。而晋太子圉在秦国做人质时，得知父王病重，他怕君位传给别人，便偷偷地跑回晋国。

到第二年时，晋惠公死，太子即位，但从此再也不与秦国交往。秦穆公对此颇为伤心，更令其忧愤的是，如此下去则无法达到和实现自己企求的政治目标。

在这种情况下，他权衡利弊得失，想起了晋献公的另一个儿子——重耳。重耳为了避免国内的混乱，便带着一些忠于自己的大臣，出外流亡。晋公子重耳先后到过狄国、齐国、宋国、楚国，但均遭冷遇，一直很不得志。

此时，秦穆公决心拥立流亡在外的晋公子重耳，做晋国的新国君，秦穆公派专人从楚国接回了晋公子重耳，并把自己的女儿怀嬴嫁给了他，以示友善和礼遇。之后，为了帮助女婿晋公子重耳尽快夺得晋国的王位，秦穆公便发重兵前去攻打晋国。秦军入晋后，将晋军打得大败，且将公子圉赶跑，从而拥戴公子重耳做了晋国的新国君，这就是晋文公。

晋文公登上王位后，十分感激秦穆公的恩德和救助，从此，秦晋两国结为"秦晋之好"的政治、军事盟国。而秦穆公多年的以秦"驭晋"的政治夙愿与梦想，终于得以巧妙地实现。

此计的实施者为秦王秦穆公，而通过拥立重耳，"以旧换新"，结秦晋之好获实利的则是秦国本身。

故变生事，事生谋，谋生计，计生议，议生说，说生进，进生退[1]，退生制。因以制于事，故百事一道而百度一数[2]也。

【注释】

①进生退：进取产生于退却。

②一数：一定的数。

【译文】

所以，社会不断变化，必然要滋生事端；要解决事端，便需要有人出来谋划；只有经过谋划，才能产生计策；计策提出后，一定会引起争议；争议出现了，一定要有人出来说服；说服了决策者，计策才能得到实施；实施计策成功后，要适当退却；退却到有利位置，是为了掌握主动，以达到控制事态的目的。无论所谋何事，都要遵循上述规则，使事态朝着有利于我的方向一步步发展。

【鬼谷智囊】

古语云："骐骥一跃，不能十步；驽马十驾，功在不舍。"凡事都要循序渐进，持之以恒，不可急功近利，武断行事，否则就很容易忙中出错，导致功亏一篑。

郑武公欲取故予失小得多

郑武公是一个足智多谋的诸侯，但也穷兵黩武。他要扩张地盘，便打邻邦胡国的主意。但当时胡国是一个强大的国家，国王勇猛善战，经常骚扰边疆，用武力十分不容易。

在这样文武无所施其技的时候，唯有采取逐步渗透的战略，不得不忍耐一下，派遣一个亲信到胡国去，把自己的女儿嫁给胡国国王。国王听说自然万分高兴。这样，郑武公就做了胡国国王的岳父。

这位新夫人是负有使命的。她到了胡国，下足媚劲，把国王迷惑得昏头昏脑，日日夜夜，花天酒地，不理朝政，国家大事都抛掷到了脑后。

郑武公知道了，心里暗自高兴。过了相当时期，他忽然召开了一个秘密会议，出席的全是文武高级官员，商议着要怎样开拓疆土，向哪一方面进攻。

大夫关其思说："从目前形势来看，要扩张势力，相当困难，各诸侯国都是守望相助的，有攻守同盟的，一旦有事，必会增强他们的团结，一致与本国为敌。唯有一条路比较容易发展，那就是向胡国进攻，既可以得实利，名义上又可替朝廷征讨外族，巩固周邦。"

郑武公一听，把脸一沉反问他："你难道不知道胡国国王是我的女婿吗？"

关其思还继续大发议论，口沫横飞地说出一大套非进攻胡国不可的理由，特别强调国家大事，不可牵涉儿女私情的话。

"胡说，"郑武公火了，厉声斥责他："这话亏你说得出口！你要陷我于不仁不义吗？你想要我女儿守寡吗？左右！绑这家伙拉出去斩了！"

关其思被斩的消息很快传到了胡国，国王更加感激这位岳父大人。他认为郑国再也不会找本国闹事，便放心了，更加纵情于声色，渐渐地连边关都松弛下来，而且郑国的情报人员也可以自由出入。

郑武公已掌握了胡国军政内情，认为时机成熟了，突然下令挥军进攻胡国。

各大臣都莫名其妙，连忙问："大王！关大夫过去是因为劝进兵胡国而被斩首的，为什么隔不多久，又要伐胡呢？岂不是出尔反尔？"

"哈哈，哈哈……"郑武公大笑一阵后，摸摸胡子，向群臣解释，"你们根本不知兵不厌诈的妙用，这是我的'欲取故予'的计谋呀！我对胡国早就打定了主意，肯牺牲女儿嫁给他，是为了刺探其国防秘密，斩关其思也不外想坚定他无外忧之虑的信心，使其放松防备，一到时机成熟，就出其不意，一下子就可以把胡国拿到手。"

"可是，大王，"其中一人说，"这样您的女儿不是要守寡吗！"

"还是关大夫说得对，国家大事，怎么可以牵涉儿女私情呢？"

果然，郑国所到之处，势如破竹，仅几个回合，整个胡国已入了郑国版图，那位乘龙快婿只空留一个脑袋去朝见岳父大人了。

循序渐进，麻痹敌人，从而取得胜利。

夫仁人轻货①，不可诱以利，可使出费；勇士轻难，不可惧以患，可使据危；智者达于数，明于理，不可欺以不诚，可示以道理，可使立功，是三才②也。故愚者易蔽也，不肖者易惧也，贪者易诱也，是因事而裁之③。

【注释】

①夫仁人轻货：有德行的人不看财物。

②三才：指仁人、勇士、智者三种人才。

③裁：裁夺。

【译文】

一般而言，仁德的人不看重财物，不可用财物相诱惑，只可让其提供财物；勇敢的人不惧怕危难，不可用祸患相恐吓，只可使他据守险地。智慧的人知权变、明事理，不可假装诚信相欺骗，只可晓以大义，使其建功立业。这是三种人才啊，必须好好使用！由此观之，愚昧的人容易受蒙蔽，不肖的人容易被吓住，贪婪的人容易被引诱。对于这些人，要抓住其特点来控制他们。

【鬼谷智囊】

在这里，鬼谷子告诉我们，人有仁人、勇士、智者、愚者、不肖者、贪者的区分。要笼络或利用一个人，就应首先分析他的性格特征，采取应对的办法。若采取的方法不当，就可能事与愿违，引起别人对你的反感。

贡禹避大取小慎纳言

西汉时期，汉元帝刘奭即位后，急于做出一番业绩，就将著名的学者贡禹请到朝廷，任命他为谏大夫，征求他对国家大事的意见，这时朝廷最严重的弊病是外戚与宦官专权，小人倾轧，正直的大臣难以立足，对此，贡禹不置一词，他可不愿得罪那些权势人物，只提出，请皇帝注意节俭，减少后宫的宫女和陵园的守墓人；少养一点马；经常不去的宫殿馆阁，暂时停止装修。其实，汉元帝这个人本来就很节俭，早在贡禹提意见之前，就已经实施了许多节俭的措施，其中就包括裁减宫中多余人员及减少御马等，贡禹只不过将皇帝已经做过的事情再重复一遍，贡禹的这一建议，果然深得元帝的欢心，于是，汉元帝便拥有了节俭爱民的威望，博得了纳谏的美名，而贡禹也达到了迎合皇帝的目的，得到了辅国良臣的声名。

司马光在写《资治通鉴》时却对贡禹的这种做法持批评态度。他写道："忠臣服侍君上，应该首先要求他去解决国家的当务之急，处理最棘手的问题，其他较容易的问题也就迎刃而解了；应该指出他最严重的错误，他的优点不用说也会得到发挥。当汉元帝即位之初，向贡禹征求意见时，他应该抓住机遇，先指出最急的问题，其他问题可以先放一放。就当时的形势而言，皇帝性格懦弱，做事优柔寡断，谗佞之徒专权，是国家面临的重大问题，对此贡禹一字不提。却去大谈元帝本已做得很好的'恭谨节俭'问题，这算什么？如果贡禹之智不足以了解时局，他就不配称一个贤者；如果知而不言，反顾左右而言他，他的罪过就更大了。"

汉元帝优柔寡断，生性懦弱，知恶不能除，知善不能用，这是后世的定评，但是司马光不明白，古代的帝王在即位之初或某些较为严重的政治关头，下诏求谏、让臣下大提意见的做法，不过是一些故作姿态的表面文章，想在众人面前表现出弃旧图新、虚心纳谏的样子而已。假若真的不知轻重地提了一大堆意见，往往招来忌恨，最终遭到帝王的打击报复。而贡禹却十分精明，避重就轻，对棘手的问题避而不谈，只是强调了廉政，也为他博来了功名。

故为强者，积于弱也；为直者，积于曲也；有余者，积于不足也。此其道术行也。故外亲而内疏者，说内；内亲而外疏者说外。故因其疑以变之，因其见以然之，因其说以要之，因其势以成之，因其恶以权之，因其患以斥之。摩而恐①之，高而动之，微②而正之，符③而应之，拥④而塞之，乱而惑之，是谓计谋。

【注释】

①恐：受威胁的感受。

②微：削弱。

③符：验证，应验的意思。

④拥："拥"通"壅"，就是用土堵，阻塞。

【译文】

强者是由不断发展的弱者形成的；直线是由许多微小的曲线形成的；富裕是由长期的节俭形成的。这就是道术反致的规律啊！若对方表面上与我亲近而内心疏远，则我要从打动其内心入手；若对方内心与我亲善而表面上疏远，则我要从改善外部关系入手。应根据对方的疑惑改变自己的说辞；根据对方的见解表示同意与否；根据对方的言辞确定说辞的要点；根据对方的情势协助其取得成功；根据对方的憎恶权衡利弊得失；根据对方的顾虑加以消除。与对方磨合后，告知以危机，引起他的恐惧；抬高对方，使之奋发向上，策化行动；针对对方的怀疑，不动声色地加以验证，打消其疑虑；凡对方的正确意见，我应积极响应；凡对方的错误要求，我应加以阻止；搅乱对方的思想，使其困惑。这些就是计谋之道。

【鬼谷智囊】

鬼谷子强调施展谋略要得"势"，即要善于根据对方的情况，随时调整自己的策略，将主动权牢牢抓在自己的手里，只有这样才能控制事态的发展，令自己获得利益。在对立的各方之间，主动权是会不断转移的。一方运用计谋以争夺主动权，另一方看似处于被动，但若此时能够将计就计，利用对方的计谋而定计，则主动权不但不会丢失，反而能够更加牢固。

子良三计保东土

楚怀王死后，在齐国为人质的楚太子要回国继承君位。齐王见有利可图，便乘机要挟楚国献出东部五百里土地，方可放回太子。太子退下，向慎子求教。慎子说："先答应齐国的要求，余下的事以后再说。"

太子回国即了君位，封号楚襄王。没多久，齐国派使者找上门来，向楚国索要先前答应的五百里土地。襄王很为难，又向慎子讨教。

慎子回答说："请召集群臣，看他们怎么说。"

子良进来，说："过去答应了，现在不给，是不讲信用，将不能以此约结诸侯。应当先给，然后再攻取。给他表明我们说话算数；攻打他，证明我们武力强大。"

子良退出，昭常进来，说："楚国所以称为万乘（拥有万辆兵车的国家），是因为地盘广大。如今割去东部五百里地方，楚国就去了一半，有万乘之名而无五万乘之实．这怎么可以呢？坚决不能给！我请求去为大王守土尽责。"

昭常退出，景鲤进来，也说不同意给，并提请派人向秦国求救。

楚王觉得三人说得都有理，一时举棋不定。

慎子进来，楚王把子良、昭常、景鲤三人的话转告给他，并且说："众说纷纭，我将何所适从？"

慎子从容地说："谁的都听。"

楚王立刻拉下脸来，说："这话是什么意思？"

慎子说："臣请用事实验证他们的说法都是对的。"

楚王看他诚心诚意，并不似在开玩笑，于是委派子良到齐国去献地，又派遣昭常守卫所献之地，再派景鲤向秦求救。一切按三人意愿行事。

子良到了齐国，齐国派兵去楚东部接管地盘，昭常不给，说："我奉王命守土尽责，决心与国土共存亡。如果你们一定要想得到这块土地，那么我将倾注所有力量，上至六十岁的老人，下至三尺高的儿童，组成三十万大军，与齐军相周旋。"

齐王责备子良耍花招，子良说："楚王命令授予齐国土地，昭常不给，是抗诏，请大王攻打好了。"齐王果然大举兴兵，攻打楚国的东地。

齐军正要跨过疆界，秦国出动五十万大军兵临齐国。齐王害怕后方有失，就让子良南归楚，并派使者去秦国求和，齐国的兵患才得以解除，楚国的东地也就保住了。

要善于根据对方的情况，随时调整自己的策略，将主动权牢牢抓在自己的手里。

计谋之用，公不如私①，私不如结②·结而无隙者也。正不如奇③，奇流而不止者也。故说人主④者，必与之言奇；说人臣⑤者，必与之言私。其身内其言外者疏，其身外其言深者危⑥。

【注释】

①公不如私：公，公开；私，私下，暗地里。公开运用计谋，不如在暗地里运用。

②结：缔联，结文。

③正不如奇：正攻法虽然是合理的，但是却不如乘对方之不备使用奇攻法。

④人主：人君，帝王。

⑤人臣：臣下，大臣。

⑥危：危险。

【译文】

运用计谋，公开谋划不如私下密谋；私下密谋不如结为同盟；结为同盟就应避免矛盾。运用计谋，常规策略不如奇谋，施以奇谋则无往不胜。所以说，向人主游说时，必须先献奇谋；向人臣游说时，必须先谈私交。若你是同盟内的人，却将机要泄露给同盟外的人，就会被同盟者疏远。若你是同盟外的人，却触及同盟内的机要，同样会有危险。

【鬼谷智囊】

"结而无隙"，是说朋友之间要团结一致，防止出现不必要的隔阂，否则就可能导致事业不顺，给双方都带来危机。

荀子说："蓬生麻中，不扶而直；白沙在涅，与之俱黑。"就说明了朋友的影响是十分巨大的。因此，在交朋友之前，除了自身保持中正之外，还要注意所交朋友的人品。以防止所交非人，对自身造成某些潜移默化的不良影响，进而影响到以后人生道路的选择。

鲍叔牙与管仲的莫逆之交

春秋时齐国的国相管仲年轻时就经常与齐国的大夫鲍叔牙交游，鲍叔牙也知道管仲是个贤士，待他很好。管仲和鲍叔牙曾经合伙做买卖，管仲家境贫寒，出的本钱少，但每次赚了钱，鲍叔牙总是让管仲多分些。

管仲和鲍叔牙一同上战场，打仗的时候，管仲曾经三战三次逃跑，人们都认为他一点都不勇敢，对管仲很不满。鲍叔牙知道这件事之后却不认为管仲是怯懦，而是向人们解释道，因为他家中有年迈的老母，才不肯拼命。

后来管仲三次做官，三次都被驱逐，大家都耻笑他。而鲍叔牙却不认为他是无德无才，而是说管仲只是没有遇到好的时机。

管仲曾感叹说："生我的是父母，而鲍先生是最懂我心的啊！"

后来，鲍叔牙向齐桓公推荐管仲为齐相，他说："治理国家，我不如管仲。管仲宽厚仁慈，忠实诚信，能制定规范的国家制度，还善于指挥军队。"之后自己甘居管仲的下臣，深为后人称颂。

无以人之所不欲而强之于人，无以人之所不知而教之于人。人之有好也，学而顺之；人之有恶也，避而讳之。故阴道而阳取之^①也。故去之者纵之，纵之者乘之^②。

【注释】

①阴道而阳取之：悄悄进行谋划，公开进行夺取。

②去之者纵之，纵之者乘之：去，除掉、去掉；纵，放纵，恣肆；乘，利用，趁机会。

【译文】

不要把人家不喜欢的东西强加给人，不要把人家不愿知道的事情强教给人。如果对方爱好某种东西，你要学着迎合他的兴趣；如果对方厌恶什么东西，你要尽量加以避讳。所以说，你是在暗中顺从对方，得到的却是公开的信任。因而，想要除掉的人，可献谋使其放纵，待他犯了错误时，你就可以抓住机会制裁他。

【鬼谷智囊】

孔子有一句名言："己所不欲，勿施于人"，这是处理人际关系的一项基本准则。鬼谷子也主张，"无以人之所不欲，而强之于人"。要想从他人那里获得利益，就必须图人所好，知道怎样在不丧失原则的基础上，尽力去取悦他人，以求达到自己的目的。

要想与人相处得融洽，或者想让别人听从你的意见，一定要学会图人所好，否则就很难达到自己的目的。自古以来，只有"虚圆之士"才能既建功立业，又明哲保身。走路从不转弯的人，他的结局一定是头撞南墙。儒家主张内仁外和，就是要人既在内心深处坚持道德原则，绝不让步，外在又灵活机动，处世随和，这样人与人的关系才可能融洽。

优孟谏贵马贱人

春秋战国时期的楚庄王（前613左右）酷爱养马，给那些最心爱的马穿上五彩缤纷的锦衣，养在富丽堂皇的屋子里，睡在有帷幕有绸被的床上，拿切好的枣干喂它。

然而有一天，一匹马却因太享受了，肥胖而死。伤心的楚王命令全体大臣致哀，下令说："用棺椁装殓，而且要用大夫的礼仪埋葬它。"大臣纷纷劝谏他不要这样做，楚王非但不听，还说："因为葬马向我劝谏的，格杀勿论。"

宫殿演员优孟听说此事，闯进王宫就号啕大哭。楚庄王奇怪地问："你哭什么呀？"

优孟回答："我哭马呀！那匹死了的马是国王您最心爱的。我们堂堂的楚国，有什么事办不到的呢？只用大夫的礼仪来埋葬它，还是太亏待它了。应该使用国王的葬礼才对啊！"

"那照你看来，应该怎样做呢？"楚庄王问。

优孟回答："用雕刻花纹的玉做棺材，再套上用红木做的外椁，调遣大批士兵来挖个大坟坑，叫百姓们运土。出丧那天，还要请各国的使者敲锣开道、摇幡招魂。最后为它建造一座祠堂，供奉它的牌位，再追封一个万户侯的谥号。这样，天下人听到了这件事，就都知道大王轻视人而看重马！"

经过优孟逐步地诱导，楚王终于恍然大悟，知道这是在含蓄地批评他，便说："那你说现在应该怎么办呢？"

优孟说："依臣之见，大王就以六畜之礼来埋葬它——在地上挖个土灶作为棺木的外套，用铜铸的大鼎作为棺木，用姜、枣、粳米为祭品，用大火炖煮，埋葬在人的肚肠中。"

庄王心服口服，于是就派人把马交给主管膳食的大官，把马肉烧得喷喷香，分给大家吃了。

　　优孟是一个伶人，所以懂得外圆内方的道理，巧谏君王达到目的。

第十一篇　决^①第十一

【题解】

这里的"决",指的是决疑,决断,决策。"谋"能取得什么效果,都要由"决"来决定,因此将决篇置于谋篇之后。在本篇,鬼谷子提出"决情定疑,万事之机",从谋士的角度出发,论述如何帮助统帅进行决断。"决"的形式,或是对疑点进行分析,或是对利弊进行权衡,或是对方案进行取舍,其目的都是廓清思路,以开展下一步的行动。"决"的前提,是认清事物的性质,杜绝偏见,以使决断无误。一个善于决断的人,在慎重的原则之下,应能做到当机立断,绝不拖延。

为^②人凡^③决物,必托于疑者,善其用福,恶其有患^④。善至于诱也,终无惑^⑤偏。

【注释】

①决:决断。这里指决情定疑,果断决策。

②为:给,替。

③凡:凡是,表示概括。

④善其用福,恶其有患:喜欢有利而厌恶灾祸。

⑤惑:迷惑。

【译文】

凡决断事情,一定是有了疑难问题。决疑的目标是获得利益,免除祸患。高明的决疑者,善于诱出利益,从无疑惑与偏差。

当我们面前只有一条路的时候，可以毫不犹豫地走下去。然而，人生难免要走到三岔路口或十字路口，从而面临一系列新的选择，我们该何去何从？这个问题，是对我们每个人最大的考验。

完子舍生取义保齐国

春秋末年，齐国大夫田成子权高位重，几乎独揽齐国大权，这也就是后来"田氏代齐"的基础，当时诸臣认为田成子"名分不正"，不听他的号令，齐国内部的百姓怨气很大，外部诸侯不服，面临内外交困的形势。

越国终于出兵伐齐，说："为什么杀死国君而夺取他的国家？"田成子急召幕僚们商议，意见分歧很大。有的主战，提议全民动员，共同抗敌；有的主和，认为战争难得民心，建议割让城池，免动干戈。田成子觉得这些都不是破敌良策。

这时，田成子的哥哥完子请求率领一批贤良之士迎击越军，并且要求准许自己一定同越军交战，交战还要一定战败，不仅战败而且一定要全部战死。战败还要一定战死。此语一出，满座皆惊。田成子也感到迷惑不解，问道："带一批贤良之士出城迎敌是可以的，但交战一定要战败，战败还要一定战死，这是为什么？"

"你现在占据齐国，有的老百姓私下里议论纷纷，说你是用诡计窃国之盗，不愿意为你效力。如今越国起兵，而贤良之中又有不少骁勇善战之臣，认为我们蒙受了耻辱，急于出兵迎战。在我看来，出现这样的情况，我们齐国已经很令人忧虑了。"完子答得从容。

田成子焦急地问："一定要你去主动战死才能保全国家吗？

难道没有别的办法吗？"

完子说："以越国现在的势力，还不可能完全吞并我们。我带领一批贤良之士，去同他们交战，如果交战失败而死亡，这叫以身殉道，越国一看杀死了大王的兄长，觉得'教训'我国的目的达到了，就不会再进攻了。而随我与敌人同归于尽的那些人也为国尽忠了，不死的人也不敢再回到齐国来，国内的人心也就稳定了。据我看来，这样我们国家就一定会安定了。"

田成子为仁爱而又勇敢的哥哥的自我牺牲精神所感动，不禁边听边流泪。为挽救齐国，他只好含泪送走了哥哥。果然不出完子之所料，越国军队杀死包括完子在内的一批贤良之士之后就撤走了，没有继续进攻齐国。

舍生报国，这就是完子的选择。

有利焉，去其利则不受也^①，奇^②之所托^③。若有利于善者，隐托于恶，则不受矣，致疏远^④。故其有使失利者，有使离^⑤害者，此事之失。

【注释】

①去其利则不受也：去，除去；去其利，将其利除去，即没有利。受，接受。没有利则不接受。

②奇：奇计。

③托：凭借。

④致疏远：致，导致，招致；疏远。

⑤离：古通"罹"。这里指遭受。

【译文】

若对方本来能获得利益，而你的决疑反使其失利，则他不会接受，除非他的委托另有隐情。如果你的决疑对他有利，但其形式却令其反感，则他不会接受，而且可能疏远你。所以你的决断使其失去利益，或遭到损失，都是决疑的失败。

在前面"捭阖篇"中，曾提及目标与手段的关系。在这里，鬼谷子除重申目标的重要性外，更着重强调手段的合理性。为达目的不择手段的做法，是遭人鄙夷的。再好的目标，再纯洁的动机，离开了手段的合理性，也难免会变质。

子罕以不贪为宝拒收美玉

子罕是春秋时的名士。当时宋国有个人在山上开凿石料时，发现一块晶莹剔透的石头。他觉得这可能是宝石，便把它带回家去，并请来做玉器的师傅帮助鉴定。做玉器的师傅看后赞不绝口地说，这是一块难得的宝玉。

得到宝石的宋人想攀附人情，就到京城去见了大夫子罕，把宝玉献给他。但子罕拒不接受。

献玉石的人连忙解释说："我曾经把这块玉石拿给雕琢玉器的人鉴定过，他认为这玉是一块宝玉，所以我才敢进献它。"

子罕说："原来是这样，但我还是不能收下这块宝玉。你的宝物是这块玉，我的宝物是'不贪'；我若是收下你这块玉，我们两人都丧失了心中的宝，还不如我们都保有各自的宝物。"

献玉的人跪拜于地，告诉子罕说："我地位低微，只是一个平民百姓，拿着这块宝玉，怕招来杀身之祸。献给您也是为了自家的平安啊，还请大人收下！"

于是，子罕把这块玉石留下，把献玉人安置在自己的住处，找来一位治玉师傅把那块玉打磨雕琢出来，然后，叫人拿到市场上去卖掉，卖出去后，把钱交给献玉的人，让他返回家乡。

为官为民谋福利是分内，不可以此敛财。

圣人所以能成其事者，有五：有以阳德之者，有以阴贼之^①者，有以信诚之者，有以蔽匿之者，有以平素^②之者。阳励于一言，阴励于二言，平素、机枢^③以用。四者^④，微而施之。

【注释】

①以阴贼之：用阴道来惩治。

②平素：平时。

③机枢：枢纽、机要。

④四者：指一言、二言、平素、机枢。

【译文】

圣人能够取得成功，有五种途径：有的依靠公开的仁德；有的依靠暗中的计谋；有的依靠诚实信义；有的依靠谦卑隐匿；有的依靠平素积累。为人决疑，要分清是阳谋还是阴谋。为阳谋决疑贵在说一不二，为阴谋决疑贵在留有余地。为人决疑，还要善于抓住平素和关键两种时刻。将阳谋、阴谋、平素、关键四者有机结合，而后可以细致地进行决疑。

【鬼谷智囊】

大到一个国家，小到一个团体，都会有一些战略性的规划。在这里，鬼谷子列举的"阳德、阴贼、信诚、蔽匿、平素"，其实就代表了五种战略。在制定决策的时候，必须服从于整体战略。用战略的眼光去看待问题，才能做出正确的决断。

苏秦连横破纵分拆六国

战国时代，风起云涌，社会动荡，诸子士人纷纷著书立说，到处奔走，宣扬自己的学说。尤其是纵横家们，凭借一张三寸不烂之舌，游说各国，宣扬自己的学说和观点，以求用于社会，显名于社会。其中最著名的要算苏秦和张仪了。

纵横术，简单地说，就是战国的合纵、连横之术，或者说是当时辩士的辩论游说之术。苏秦以一介书生而说服各国君王，自佩六国相印，抵抗住了强秦的进攻。

苏秦最初以合纵之术到燕国向燕文侯游说："燕国东面有朝鲜、辽东，北面有林胡、楼烦，西有云中、九原，南有易水，方圆两千余里，军队数十万人，战车六百乘，战马六千匹，库藏粟米可用数年。南有碣石、雁门之富饶，北面有枣、栗之利，人民就是不种田，光是枣栗也足够食用。这是所谓的天府之国。要论安乐无事、没有覆军杀将危险的国家，恐怕没有哪国能与燕国相比。大王您知道这其中的原因吗？燕之所以不被秦兴兵侵犯，是因为赵国在燕国之南，作为屏障的缘故。秦国和赵国互相损耗力量，而大王却能保全燕国并制约他们的后面，这是燕之所以不受秦寇的缘故。秦若攻打燕国，要越过云中、九原；路经代、上谷，地跨数千里，就算能够得到燕国的城池，秦也无计可守或加以巩固。秦不能加害于燕，是很明显的。赵国如果现在要攻打燕国，一声令下，不到十天的时间，数十万大军就可以驻军于东垣了，渡呼沱、过易水；不到四五天，就可以攻至国都了。所以说，秦国攻打燕国，是战于千里之外，而赵国攻打燕国，是战于百里之内。不忧百里之患，而偏重于千里之外的危险，没有比这更失策的了。 因此，希望大王能与赵亲近，让天下为一，燕国就必然平安无事了。"这就是"合纵"策略，燕文侯同意了苏秦"合纵"的方针。

六国都参加了合纵，苏秦任纵约长。他北返赵国向赵王报告游说的结果，赵肃侯封苏秦为武安君。

秦国受六国合纵的制约，兵不敢出函谷关，深以为苦。针对这种情况，张仪见秦惠王就以连横之计说之："我听说，

'不知而说为不智，知而不说为不忠'。为人臣不忠当处死，说不当也应处死。虽然如此，我愿把我知道的都说出来，由大王定其罪。"

"赵国联合燕、魏、楚、齐、韩组成合纵联盟与秦作对，我偷偷发笑。世上有'三亡'国家，即以乱攻治的亡，以邪攻正的亡，以逆攻顺的亡，这正是指赵国。"

"现在秦国赏罚严明，一发出号令，个个都决心死战，赴汤蹈火在所不顾。秦国部队数百万，地方数千里，地形险阻。这些诸侯都不能与之相比。秦国本可战无不胜，攻无不克，所向无敌，但秦国霸业不成，是由于谋臣不尽忠的缘故。"

顿了顿，张仪以过去之事对比来说："让我谈过去的事吧。秦国曾与楚国战，大败楚军，袭楚国都郢，攻下洞庭、五都、江南之地。楚王东逃到陈。是时，如果穷追猛打，可一举成霸业，使诸侯归服。可是，谋臣计不出此，却与楚讲和，使楚得以重整旗鼓，与秦对抗。这就失去了建立霸业的机会。前者秦军攻魏都大梁，本可攻下，从而消灭魏，瓦解楚、赵合纵，使赵国危急，楚国孤立。可是，谋臣计不出此，反而引军退却使魏得以喘息。这就第二次失去了建立霸业的机会。秦国曾大败赵国于长平，如乘胜攻下赵都邯郸，灭亡赵国，韩国也必随之，楚、魏也就危急。可是，谋臣计不出此，却与赵国讲和。这就第三次失去了建立霸业的机会。

"由于秦国的失策，六国合纵才能得逞。现在以秦国的实力，完全可兼并诸侯。大王听我的话，如果合纵不破，赵国不亡，韩国不灭，楚魏不服，齐燕不亲，霸业不成，大王可以杀我，以惩戒那些不为主尽忠的人。"

张仪的分析十分到位，秦惠王很高兴，欣然同意张仪的计谋，任张仪为客卿，谋伐诸侯。

张仪的第一个目标是魏国。魏国离秦最近，实力也较弱，用威逼和利诱的方法肯定能使魏国就范。可是，张仪游说魏王时说："魏国的地方不到千里，士卒不过三十万。地势平坦，四方与其他诸侯国相连，四通八达，也没有名山大川的阻隔。从郑至魏只有二百余里，车驰人走，不等走到疲倦就到了。南面与楚国接邻，西与韩国接邻，北面是赵国，东面是齐国。魏国的士卒在四方戍守要塞边界的不下十万。魏国的地势，本来就适于野战。魏国若南与楚国交好，而不交好齐国，齐国就从东部进攻；魏若东与齐交好，而不交好于赵，赵国就从北面进攻；若不与韩和好，韩国就从西面进攻；若不亲于楚，楚国就从南面进攻。

"再说，诸侯各国之所以参加合纵，是为了各保社稷，尊主强兵，显名于天下。现在主张合纵的人要统一天下，互相约为兄弟，在洹水之上杀白马盟誓，相互信守盟约。事实上，同父母的亲兄弟，尚还有争夺钱财的事发生。却想凭恃像苏秦这样反复无常、狡诈欺伪的小人的计谋，来从事合纵，怎么可能成功呢？

"大王如果不侍奉秦国，秦就会出兵攻河外，占据卷、衍、酸枣等地，划卫国而取阳晋之地，这样就使赵国不得南下；赵国不能南下，魏国也不能北上，这样南北不通就会使纵道断绝，纵道一断，大王之国想不遭受危难是不可能的。秦国从韩国折过头来攻打魏国，韩国害怕秦国，于是秦韩合力攻魏，魏国之亡只在顷刻之间了。以上是我为大王所担心的。

"为大王考虑，您不如事秦。魏事秦，楚国与韩国一定都不敢动。消除了楚、韩之患，大王就可以高枕而卧，魏国就无所忧虑了。如大王不听从秦国，秦国出兵东伐。到那时，您就是想侍奉秦国也来不及了。

"况且，提倡合纵的人多是夸张激扬之词，很少有可信之处，能够游说成功一个诸侯，就能封官为侯，所以天下游说之士，无不日夜扼腕、瞋目、切齿，力论合纵之便利，以此游说人主。人主欣赏他们的雄辩之词，被他们的主张牵着走，又怎能不受他们的迷惑呢？臣听说积羽可以沉舟，轻的东西装多了，也可以压折车轴，众口可以铄金。所以希望大王仔细考虑以后再下结论。"

魏王果然听信张仪劝说，于是背合纵之约，而侍奉于秦。并献上河外之地。

张仪掌握有度，旗开得胜，没费张仪多大气力就说服了一个魏国。他下一个目标是拆散齐楚联盟，齐楚都是强国，张仪这回必须多费些心思。

然而张仪是聪明狡猾之人，他到齐楚都游说成功。且看张仪怎样以三寸不烂之舌说服齐楚的。

楚怀王见到张仪，问他："我固僻陋，先生有何见教？"

张仪说："秦王最敬佩的是楚王，仪也最愿为大王服役；秦王最憎恨的是齐王，仪也对他最憎恨。大王能听我的话，与齐国断交，我请秦国归还商於土地六百里，并使女为大王的妾，这样，秦楚两国为婚姻之国。与齐断绝关系，不只使齐削弱，且有德于秦，又得商於土地，这是大王一举而得三利。"

楚怀王听了很高兴，便把相印交与张仪，每日相与饮酒甚欢。怀王向群臣宣布："我将收复商於的土地。"群臣都向他祝贺，只有陈轸认为这不是好事。

怀王问其故，陈轸说："秦之所以重视大王，是因大王与齐联盟，现在土地还未到手就与齐绝交，这是楚国孤立自己。先归还土地再与齐绝交，秦国一定不干。如果与齐绝交而后要地，将受张仪的欺骗。受张仪的欺骗，大王一定怨恨他。因此必然与秦相恶，不与齐绝交，两国之兵必到。所以我认为不是好事。"陈轸正确分析形势和拆散齐楚联盟的利害关系，然而楚怀王不听，于是宣布与齐断绝关系，派一将军随张仪到秦接收土地。

张仪回到秦国后，并不想信守诺言，伴醉坠车，三月称病不出。派来的将军无从得到土地，也就派人报告了楚王，楚王知道后，还一错再错，彻底糊涂了，他想："张仪是认为我还未完全与齐绝交。"便派勇士到齐，索回盟约，辱骂齐王。齐王大怒，与楚国拆盟，与秦相交。

这时，张仪才上朝办事，对楚将军说："我有封邑六里，愿献给楚王。"楚将军说："我受命的是接收商於六百里，不是六里。"楚将军回报楚怀王，怀王大怒，起兵攻秦。陈轸说："伐秦不是好计，不如割一名都与齐，与齐一起伐秦，是我失地于秦，取信于齐，大王的国家尚可保存。"怀王还是不听，派将军屈旬率兵攻秦，结果，一败再败，失去汉中地。

秦惠王为利用楚国，归还黔中地给楚国，楚怀王恨张仪，说："不愿得地，要得张仪。"秦惠王想派张仪去，不忍开口。张仪自告奋勇愿到楚国和解此事。他到楚国后，怀王把他关禁来了，要杀他，张仪却通过怀王宠臣靳尚、宠姬郑袖出面调解，怀王不便放张仪，反善待他。张仪听说苏秦已死，便说怀王说："秦国土地占天下之半，天下无敌，被险带河，四塞之国；战士百余万，战车千辆，战马万匹，粮食堆积如山；法令严明，士卒死战，国君英明，将帅智勇，席卷天下如反掌，搞合纵的人，无异驱羊群攻猛虎，现在大王不与猛虎友好，而与羊群为伍，我认为是大王错了。秦楚两国接界，本来是友好国家，大王听我的话，我使秦太子做楚国的人质，让楚太子做秦国的人质，以秦女做大王的妾，并献出万户大邑，作为大王的汤沐邑。从此秦楚两国永久结为兄弟之邦，互不侵犯，我认为没有比这更有利于楚国了。"

楚王见秦已归还黔中地，要答应张仪，屈原说："前大王见欺于张仪，张仪来大王要杀他，现在又放他，听他的胡说八道，不可！"怀王说："得归还黔中地是大利，答应他而违背，不可。"于是，答应张仪提出的条件，与秦国和好。

秦楚和好，而张仪拆散齐楚联盟，激怒了齐国，张仪也以连横讨说齐国，把齐国也拉过来了。

张仪到齐国面见齐王说："天下强国无过齐国，国家富裕也没有超过齐国的。可是，为大王出谋的人，都是一时之说，不顾及百世之利。主张合纵的人，游说大王必说：'齐国西有强赵，南有韩、魏，齐国是靠海之国，地广民众，兵强士勇，虽有一百个秦国，也奈何不了齐国。'大王被其花言巧语所惑，而不去探讨其实际内容。主张合纵的人，结党营私，无不认为合纵可行。齐国与鲁国三战而鲁国三胜，鲁国虽然取得胜利，但消耗过大，元气大伤，随后国也就亡了。为什么呢？因为齐国大鲁国小。现在秦国与齐国，好像齐国与鲁国。秦国与赵国战，四次交战，赵国都胜，但也损兵数十万，国家已弱，仅仅守住国都邯郸，虽胜但国家已残破了。为什么呢？因为秦强而赵弱。

"现在，秦楚结为婚姻之国，韩国献出宜阳，魏国献出河外，赵国在渑池朝秦并献出河间，它们都事秦。大王不事秦，秦国就会迫使韩、魏从南面攻齐，赵国就会举倾国之师渡过清河、漳水，指向博关，临口、即墨就不为大王所有了。齐国一旦遭到进攻，齐国虽想事秦也不行了。所以，大王要从早计议啊！"

齐王说："齐国居于东海，地处边远鄙陋，不懂得为国家长远利益打算。'幸蒙教诲，我愿事秦。"

顺利完成任务，两颗大钉子很容易就拔掉了，剩下韩、赵、燕，对张仪来说，连横已成就一大半了，接下来的问题更好解决。韩国是最弱小的国家，张仪先去游说韩王说："韩国地形险要，多是山地，所产都是麦豆，百姓吃的是豆饭和菜叶羹；收成不好，百姓连酒糟、谷糠都吃不饱。土地不过九百里，存粮不够吃两年。战士不过二十万，后勤包括在内，除去边关守卒、现役军人，不过二万而已。秦国甲士百余万，战车千辆，战马万匹。六国战士作战要穿铠甲，戴上头盔，而秦国士兵赤膊上阵，向前冲杀，左手提着人头，左臂夹着俘虏。秦国士兵与六国士兵相比，好像无敌勇士孟贲与懦夫相比一样；秦国重兵压向六国，好像大力士对付婴儿一样。

"各国诸侯不自量力，听从合纵之士的花言巧语，胡说什么'听我计可以霸天下'，不顾国家利益，听信一时之说，以误君主，没有比这更甚的。

"如果大王不事秦国，秦国出兵据宜阳，占断上党，东面夺取成皋、荥阳，鸿台离宫、桑林御园就不为大王所有。封锁成皋，切断上党，大王的国家就会分裂。可见，事秦国就安，不事秦国就危。因此为大王考虑，不如事秦国。秦国是想要削弱楚国，而能削弱楚国的只有韩国。这不是韩国强于楚国，而是韩国地形有其优势，如大王西面事秦国而攻楚国，秦王必高兴，进攻楚国而占楚地，又能转祸为福而取悦于秦王，没有比这计更好的了。"韩王听从张仪连横之说。张仪归报，秦惠王赐给五封邑，号称武信君。

秦赵近邻，经常兵戎交加，要说服赵国可不容易。想好了威吓相加，欲擒故纵的办法后，张仪游说赵王道：

"敝国惠王使我献愚计于大王。大王率天下兵攻秦，使秦兵不敢出函谷关十五年。大王威震关东，秦国恐慑惊伏。但也使秦国发愤图强，秣马厉兵，现在已攻下巴蜀，兼并汉中，收纳两周，据有九鼎，扼守白马要津。秦国久积的怒火将爆发，现在秦国驻军于渑池，要渡过黄河，越过漳河，占据番吾，与赵军会战于邯郸城下，仿效武王伐纣故事。秦王使我将此事告知大王。

"大王之所以信合纵，是听苏秦的计谋。苏秦惑乱诸侯，颠倒事非，阴谋颠覆齐国，反而被车裂于市。诸侯不可合纵已明。现在，秦楚结为兄弟之邦，而韩魏已臣服于秦，齐国献鱼盐之地，这是断了赵国的右臂。断了右臂还与人搏斗，而且孤立无援，想没有危险哪能行呢？

"现在秦派出三军：一军把守午道，通知齐国使其起兵渡过清河，驻军于邯郸东面；一军驻于城皋，使韩魏驻军于河外；一军驻于渑池。秦国约四国联合攻赵，灭赵必四分其地。因此，我不敢匿瞒隐情，先告知大王。我为大王计，不如与秦王会面于渑池，亲自交谈。我请秦王按兵不攻赵国，请大王裁定。"

赵王也受张仪蒙骗，不明事理，还不住感慨地说："先王之世，奉阳君专权擅势，蒙蔽先王。当时我在深宫，不能参与国政。先王去世，我还年幼，执政不久，心里也有疑虑，以为不事秦，不是国家长远利益。如今我想改变政策，割地赔礼，与秦国通好，正当派使出发，适贵宾到来，使我能够受明教。"赵王答应事秦，张仪便离去。

接着张仪到燕国，以同样的方式欺骗燕昭王说："大王最亲近的莫过于赵国，但赵国是可亲近的吗？赵国起兵攻燕国，两次围困燕都并胁迫大王，大王割十城赔罪，赵国才撤兵。现在赵王已到渑池去朝见秦王，献上河间以事秦国。现在大王不事秦，秦国出兵云中、九原，驱使赵国进攻燕国，易水、长城就非大王所有了。而且现在赵国不过是秦国的一个郡县，不敢随便举兵征伐。现在大王如事秦国，秦王必高兴，赵国不敢妄动。这样，西有强秦之援，南无齐赵之患，希望大王深思。"

燕昭王说："我承蒙贵宾教导，愿意西事秦国。"于是把恒山城献给秦国。至此苏秦的合纵战略被张仪的连横之术彻底破坏。苏秦以一介书生出奇谋异策，四处游说，组成联盟，竟让秦国不敢窥视函谷关以外十余年，使合纵国得享安宁，苏秦自己也是荣耀天下，名振四海。但事物总处在变化之中，有合便有分，有纵便出横。故苏秦以后便有了同窗张仪来设计破除山东诸侯的联盟。最后还是张仪的连横获得胜利，历史潮流不可逆转。

实质上，六国合纵抗秦，这不仅是六国的唯一出路，从理论上说也是对的。"六国之地五倍于秦，兵卒十倍于秦"，如果六国能始终坚持，秦国将被打败。事实上也曾取得成功，除苏秦组织合纵使秦不敢出函谷关有十五年之久外，公元前298年，齐、韩、魏三国联合击秦，攻入函谷关，夺回被秦侵占的魏、韩的一些土地。齐成为山东各国盟主。公元前247年，魏公子信陵君率山东五国之兵，反击秦国侵犯魏国，大破秦军，一直追到函谷关，秦兵不敢出战。可是由于各国各怀鬼胎，齐国听从孟尝君的计策，虽出兵却怕冒尖挨打，迟迟落在后头；其他各国为保存实力，都不愿打先锋。到函谷关，秦军断绝楚军粮道，楚军无粮先撤退，其他各国也就争相逃命。秦国对韩、魏连年攻打，韩、魏知五国合纵不可靠，便向秦国屈服，五国合纵便瓦解了。

战国时期，合纵反反复复，六国时合时散。秦最怕的也是六国的合纵，直到战国末年，胜败已定，秦还是怕合纵的形成。所以到了秦始皇，也一直采取连横政策以瓦解合纵。秦始皇在尉缭、顿弱、姚贾的出谋划策下，巧设连横，离间各国，使得各国再也没有能耐组成合纵联盟。所以，六国破灭，实是历史必然。

于是度以往事，验之来事①，参②之平素，可则决之。公王大人之事也，危③而美名者，可则决之；不用费力而易成者，可则决之；用力犯勤苦，然而不得已而为之者，可则决之；去患者，可则决之；从福者，可则决之。

【注释】
①验之来事：对将来的事情进行验证。
②参：核对，对照、参照。
③危：崇高的意思。
【译文】
决疑时应该忖度往事，预测未来的发展，再参考平素的情况，若能做出判断，可立即决断；王公大人们委托决断的大事，若能为其带来美名，并且有望成功，可立即决断；无须费力而易成的事，可立即决断；虽然费力但又必须做的事，可立即决断；能为人免除祸患的事，可立即决断；能为人带来福祉的事，可立即决断。

【鬼谷智囊】

果断，是一种很重要的人格素质。一个果断的人，会让别人觉得可靠，从而愿意将事情托付给他。相反，一个优柔寡断的人，会逐渐丧失别人对他的信任。

刘邦斩白蛇当即起义

假托神意，在鬼神之事盛行的古代是煽动群众、蛊惑人心常用的手段。发生在公元前209年的陈胜、吴广起义，曾经假托神意，发兵起事。东汉时的黄巾起义、清朝的太平天国起义等历代农民起义中，都常用这种方式动员群众，壮大起义领袖的声威。王莽阴谋篡位时，也搞过一幕此种掩人耳目的闹剧。

秦朝末年，官府横征暴敛，民众负担十分沉重，痛苦不堪。那时，后来的汉高祖刘邦正担任沛县（今江苏徐州北）亭长，要押解一批劳役去骊山。从沛县到骊山路途遥远，路上陆续有人逃跑，刘邦心想，劳役逃跑，自己是要被问罪的，即使到了骊山，自己按罪也会被杀。如今各地都在爆发起义，刘邦的心里也蠢蠢欲动，加之起义是死，不起义也是死，不如放手一搏。于是一日，刘邦召集了所有的人，对他们说："我把你们都放了，都去逃命吧。"众人称谢而去，其中有十数名好汉看重刘邦的义气，誓死相随。

传说，在一天的夜路上，前面探路的勇士回来报告刘邦："前面有一条可怕的白蛇挡住去路，我们还是回去吧！"

刘邦当时喝了点酒，满不在乎地说："大丈夫走路，有什么可怕的？"他上前提起宝剑，就把白蛇斩为两段。又走了一段路，众人看到一位老妇在哭，有人上去询问原因，老妇人说："我儿子白帝子化身白蛇横在路上，现在被赤帝子杀了，我很伤心。"众人觉得老妇人满口胡言，正要打她，老妇人却化作一缕青烟消失了。

当时刘邦身边并没有史官，所以这件事只是一种传闻，是刘邦为了把自己打扮成真龙天子的样子而做出的炒作。以前人们对大蛇有敬畏的心理，认为蛇通神灵。人们听说了这件事，纷纷前去投奔刘邦。后人还为此竖立了汉高祖刘邦斩蛇碑，此事也越传越神。这件事，也表现了刘邦当机立断的品行。

故夫决情定疑，万事之基①。以正治乱②，决成败，难为者。故先王乃用蓍龟③者，以自决也。

【注释】

①万事之基：万事的关键。

②治乱：肃清动乱。

③蓍龟：蓍，一种多年生草本植物；龟是龟甲，都是占卜工具。

【译文】

所以决疑断难，是万事成功的关键，目的是以正治乱，决定成败，这是很难做到的事情。故古代贤君遇到疑难时，不得已而用蓍草和龟甲进行占卜，以此帮助自己决断。

【鬼谷智囊】

在重大关头，要做出正确决断是一件很困难的事情，以至于古代圣贤需要利用占卜来帮助决断。越是重大关头，越应该沉着、镇定，控制好自身的情绪，以免让事情陷入更为复杂的境地。

其实在面临重大选择的关口，任何人都不可避免地会出现焦虑或紧张情绪，这就要看是否能够自我调节、自我克制了。

列御寇镇定自若临渊射箭

东周时的神箭手列御寇有一次为伯昏无人表演射箭，他拿着一把良弓，稳稳地拉开了弓弦，然后在自己拉开弓弦的胳膊肘上放了满满的一杯水，发出第一支箭，还没等大家看清楚，第二支箭又射出去了，箭射出的第二支箭还未至靶，而另一支又搭上了弓弦。这个时候，列御寇的神情始终没有改变，那杯水也纹丝不动。

其他围观的人都连声赞叹，但伯昏无人看后却说："你就是为了射箭的技巧而射箭，而不是用心去射箭，我想跟你登上高山，脚踏危石，面对百丈深渊，那时你还能射箭吗？"

于是伯昏无人便带着列御寇登上高山，他脚踏危石，走到悬崖边，倒转回身，慢慢退了几步，部分脚掌都悬空在外，拱手恭请列御寇上来射箭。列御寇伏在地上，吓得冷汗直流。伯昏无人说："世间真正达到至高境界的人，上可以看透苍天，下可以看清黄泉，精神自由奔放，达于宇宙八方，任何时候都能做到神色磊落，胸中气定神闲。如今你胆战心惊，有了恐惧的念头，再想射中靶心，恐怕就很困难了吧！"

第十二篇　符言①第十二

【题解】

　　符，本指我国古代朝廷调兵遣将所用的特殊凭证，具有很高的权威。这里的"符言"，可引申为执政者（或身居要位的人）治理国家必须奉行的准则。这些准则共有九条：一是位，即遵循安详、从容等原则；二是明，即对事物做充分的考察；三是听，即充分听取别人的意见；四是赏，即赏罚要讲求信用和公正；五是问，即要多方询问以免偏听偏信；六是因，即遵循天理和人情；七是周，即要周到细密；八是参，即要借助参照物以洞察幽微；九是名，即要做到名实相副。这些准则也可为现代管理者所遵循和借鉴。

　　安徐②正静，其被节③无不肉。善与而不静，虚心平意④以待倾⑤损。右主位⑥。

【注释】

　　①符言：符是符契、符节。我国早在汉代就把有节的竹片加以中分，由两人各持一片，日后各拿这一片竹的人，只要能把两片竹完全合在一起，连竹节都能像原来那样吻合，那就证明是他本人或其代理人。到后来，改竹片而用木片或纸片等，并在上面加盖印记，而且是从印的中间切断使用，这种印就叫"骑缝印"。这里指言辞词与事实像符契一样吻合。

　　②徐：徐，静的意思。

　　③节：节度，法度。

④虚心平意：使内心很谦虚，使意念很开朗。

⑤以待倾：以备倾覆。

⑥主位：主要讲善守其位。

【译文】

作为君主，应始终保持安详、从容、正派、冷静，对人怀柔而有度。应善于让利于人，与世无争，并始终充满危机感。以上说的是君主摆正自己位置的原则。

【鬼谷智囊】

权力其实是一柄双刃剑。运用得好，可以造福于人；运用得不好，不但对人无益，还可能伤及自身。

周幽王千军买笑无军法

周幽王只知吃喝玩乐，不管国家大事。对佳人褒姒，十分宠爱。可是，褒姒自从进宫，没有开过一次笑脸。幽王想尽办法让她笑，但她总是笑不出来。幽王特地出了赏令：有谁能让褒姒娘娘一笑，赏1000两银子。

原来，周朝为防备西戎的进攻在骊山一带建造了20座烽火台，每隔几里地一座。万一西戎打过来，第一座烽火台立即将烽火燃烧起来；第二座烽火台见了，也将烽火燃起来。一个接着一个，附近的诸侯见了，便立即发兵来救。貌石父对周幽王说："现在天下太平，烽火台长久没有使用了。大王将娘娘带到骊山上，晚上咱们将烽火都点燃起来，让附近诸侯见了赶来。娘娘见了那场面，包管会笑起来。"周幽王拍着手说："好极了。"于是带着褒姒上了骊山，晚上烽火台都燃起火来，火光冲天，附近诸侯以为是西戎打来了，都急忙带领兵马来救。没想到赶到之后，连一个西戎兵的影子也没有，只听到骊山上乐声阵阵，歌声婉转，各诸侯都愣了。

周幽王派人告诉诸侯，这里没有什么事，只不过王妃想看看烽火而已，你们回去吧！诸侯知道上了当，一个个气得肺都要炸了。褒姒见满天火光，火光中兵马驰骋，不知闹出什么事，幽王一五一十地告诉了她。褒姒真的笑了起来，撒娇地说："亏你想得出这玩意儿。"幽王见褒姒开了笑脸，高兴得不得了，不仅将1000两银子赏了貌石父。还将王后和太子废了，立褒姒为王后，褒姒的儿子伯服为太子。

　　王后的父亲得到这个消息，就联合西戎进攻镐京。幽王得知西戎进攻，惊慌失措，连忙叫貌石父将烽火台点起来。烽火倒是燃起来了，可是诸侯们却一个也不见来。因前次上当，这次都不理会了。周幽王左等右等，就是没有一个救兵到来。驻守镐京的兵马，寡不敌众，西戎人马像潮水涌进城来，杀了周幽王，抢走了褒姒。周朝多年聚集的财宝也被抢劫一空。

　　中原诸侯后来得知西戎进了镐京，才带兵前来打退了西戎军，见幽王已死，便立了原来的太子，就是周平王。等到诸侯军一走，西戎军又打过来了。于是，公元前770年周平王将京城东迁洛邑（今洛阳），史称东周。

　　幽王被权力的利刃所伤，沉醉在美人怀中，忘记了自己的责任。

　　目贵明，耳贵聪，心贵智。以天下之目视者，则无不见；以天下之耳听者，则无不闻；以天下之心思虑者，则无不知。辐凑并进，则明不可塞。右主明①。

【注释】
　　①主明：主要讲察人之明。
【译文】
　　作为君主，眼睛要明亮，耳朵要灵敏，心灵要智慧。作为君主，若能借助全天下的眼睛去看，就没有什么看不见的；若能借助全天下的耳朵去听，就没有什么听不到的；若能借助全天下的心灵去思考，就没有什么不明白的。作为君主，若能集思广益，就能明察秋毫，无可闭塞。

【鬼谷智囊】

"兼听则明，偏信则暗。"为统帅者，要了解集思广益的价值，不能闭目塞听，做一个孤家寡人。没有人不愿意听到赞美之词，所以很容易被过多的赞美所蒙蔽，看不到隐藏的真相。所以一个富有智慧的领导者，要善于听取各方面的意见和建议。

孔子不耻下问谦虚求教

著名思想家孔子生于礼崩乐坏的春秋乱世，想以仁义之道来改变当时互相残杀、弱肉强食的世道，回到上古那种"大道"社会。于是，他周游列国，宣传自己的学说和主张，可是当时诸侯混战，都追求战争不败之法，他的治世思想，在当时并没能被世人普遍重视和接受，愿意采纳他的建议、施行仁政的君主寥寥无几，因此他到处碰壁，经常弄得狼狈不堪。人们也常在背后议论他，有同情的，也有讥笑的，更有把他说得一文不值的，但对于那些批评之词，凡是说得有道理的，孔子既不恼怒也不怨恨，甚至还称赞有些议论一语中的。

孔子在郑国时，有一天和弟子们走散了，他一个人独自站在城郭东门等候弟子们。弟子们也在打听老师的下落，有个郑国人看见了孔子，就对子贡说："在东门有个人，他的额头像唐尧，脖子像皋陶，肩膀像郑子产，从腰部以下比禹短了三寸，一副狼狈的样子，就像一条丧家之犬。"他形容的这些人的特征都是当时人们熟知的最丑的，子贡听了很生气，但也没办法，等找到孔子，把原话如实地告诉了他。孔子听了，丝毫不恼怒，笑着说："他形容我的相貌，不一定对，但他说像丧家之犬，倒是对极了！"

还有一次，在山野行走，子路跟在后面，掉了队，跟孔子走散了。子路遇见一个老人在田里锄草，便走上前去，恭敬地问："您看见夫子了吗？"老人不屑一顾地说："四体不勤，五谷不分，既不劳动，又无生产知识，哪里配称什么夫子？"说完就自顾自地去忙了。子路找到孔子，将老人的话转告给他，孔子感叹说："这一定是个有修养的隐士。"孔子想跟他谈谈，便去找这个老人，却已经找不到他了。

孔子从来不把别人的冷嘲热讽放在心上，别人说他的样子像丧家之犬，他笑着说，像啊，很像，他当时屡屡碰壁，处境确实像丧家之犬。当有人说他"四体不勤，五谷不分"，实质上是在讽刺说，只懂得空谈政治，却不懂得劳动生产的人，怎能治理好国家？算什么夫子？孔子知道说这话的人定然如藏龙卧虎，是个隐者，不耻下问地想去请教他，可惜没有如愿罢了。

孔子还曾拜七岁的项橐为师。他周游列国时，在去晋国的路上，一个孩子在路当中玩，挡住了他们的去路。孔子说："你不该在路当中玩，挡住我们的车！"

孩子指着地上说："城池在此，车马安能通过？"

孔子低头一看，是用碎石瓦片摆的一座城。孩子又说："您说，应该是城给车让路，还是车给城让路呢？"

孔子觉得这孩子很懂得礼貌，便说："好伶俐的童子！请问你叫什么名字，多大年龄？"

孩子说："我叫项橐，今年七岁。"

孔子对学生们说："项橐七岁懂礼，他可以做我的老师啊！"于是绕道而行。

孔子被称为圣人和他善于求教他人是离不开的。

听之术曰："勿妄而许之，勿妄而拒之①。"许之则防守，拒②之则闭塞。高山仰之可极，深渊度之可测。神明之位术，正静其莫之极欤！右主听③。

【注释】

①勿望而拒之：远远看见了就拒绝。

②拒：拒绝。

③主听：主要讲虚心纳谏。

【译文】

君主的"听"之术是：不要轻率许诺，不要轻率拒绝。若轻率许诺，就可能妨害自己的操守；若轻率拒绝，就可能闭塞自己的言路。仰望高山尚可看到顶，测量深渊尚可测到底，君主听术的公正沉稳则令人莫测高深。以上说的是君主听取意见的原则。

【鬼谷智囊】

"勿妄而许之，勿妄而拒之"，这是鬼谷子所赞赏的听术，也是每一个肩负领导使命的人应该切记的。对于他人的意见，不管是否合乎自己的心意，都应该慎重对待。尤其对别人的批评，更要做到"有则改之，无则加勉"。

做事时要向有经验的人虚心请教，因为实践是检验真理的唯一标准。不听忠言，最终是自食恶果。

夫差不听逆耳忠言终亡国

伯嚭是春秋时吴国的太宰即宰相，伍子胥曾经在他厄难之时帮助过他，甚至对他有救命之恩。但是，他为了图取个人的荣华富贵，竟不念伍子胥的厚情，甚至对伍子胥进行诬害，致使伍子胥被吴王夫差赐死。

当吴王夫差对越王勾践的征伐取得胜利以后，伯嚭由于接受了勾践的贿赂，在如何处理和对待越国的问题上与伍子胥发生了尖锐的矛盾，矛盾冲突的根本问题是前者暗中维护越国，后者是极力维护吴国利益。

在勾践困守会稽、派文种向吴国表示投降求和时，夫差听取了伯嚭的意见，答应了勾践的投降求和请求。伍子胥得到这个消息之后，立即去见夫差进行谏阻，劝夫差拒和灭越。

他首先向夫差讲了夏少康怎样从危难中求生存，后来发展壮大，终于灭掉政敌寒浞，使夏族中兴的故事。然后又分析吴、越两国同处三江之地，不能并存，吴不灭越，越必灭吴的形势，接着又讲了灭掉越国对吴国有利，如果吴国灭掉秦、晋等国，占其地而不能居，得其车不能乘；灭掉越国，则其地可居，其舟可乘，因此不可失掉这个机会。最后又提醒夫差，越国有杀先君之仇，不灭越不足以报庭前之誓。而且勾践有文种、范蠡的辅佐，自己又奋发图强，就有可能成为吴国的长期之患。

夫差听伍子胥讲了这些拒和灭越的道理后，心里也有所动，对勾践的求降要求犹疑起来了。

伯嚭看到这个情况，急忙发言。他先是反驳伍子胥拒和灭越的理论，进而对伍子胥提出质问：如果先王的大仇一定不能赦越国之罪，那么伍员对楚国的仇恨更深，为什么不灭掉楚国，而让楚复国呢？最后竟攻击伍子胥复楚是自行忠厚，不让越求和是诚心要使吴王居薄之名，这是忠臣不应当做的事。

夫差听了伯嚭之言，连说有理，立即答应了勾践的投降求和要求，伍子胥悲叹吴国即将面临危亡。他感到夫差允许勾践求和，吴国必将受越之制，因此很有感慨地说："越国十年生聚，再加十年教训，不过二十年，吴国将成为沼泽废墟了！"言下之意，二十年后，吴国将为越所灭。

当勾践到了吴国以后，伍子胥想劝夫差乘机杀掉勾践，为此又与伯嚭发生了一场冲突。

夫差允许勾践投降求和以后，勾践夫妇即入吴为去差当奴仆。他到了吴国，首先去向夫差谢罪谢恩，对夫差说了些恭维的话。此时，伍子胥对夫差说，"勾践为人阴险，今到了吴国，如釜中之鱼，性命置于庖人之手。他所以诡辞令色，目的是求免于刑，一旦得志，就如放虎归山，纵鲸入海，再也不能制他了，不如乘此机会，把他诛杀。"伯嚭听到伍子胥的话，暗暗吃惊，赶紧对夫差说："子胥只明于一时之计，不知安国之道，赦勾践之罪，这是仁者之所为也。"

于是，夫差又赞同伯嚭之言，不杀勾践。伍子胥见夫差只听伯嚭佞言，不用其谏，毫无办法，只得愤愤而退。

当夫差决定放勾践回国，设宴为他饯行时，伍子胥愤其忘敌侍仇，不肯入席就座。这时，伯嚭乘机在夫差面前诋毁伍子胥，说："大王以仁者之心，赦仁者之过，是同声相应，同气相求，今日之座，仁者宜留，不仁者宜去。相国刚勇之夫，他不入座，是自感羞愧！"

勾践回国后，暗中图吴，以雪会稽之耻。他为了把吴国积存在仓库里的粮食抽空，造成吴国的粮食困难，借越国饥荒之名，向吴国借贷粮食，夫差认为越已臣服于吴，越国的困难，即吴国的困难，答应贷给粮食。

这时，伍子胥又谏夫差不要把粮拿借给勾践。他说："越国并不是真正发生饥荒，而是想把吴国的积粮抽空。勾践回国之后，致力于恤民养士，志在图吴，把粮食借给他，等于自取灭亡。"夫差对伍子胥的话，并不相信。说："勾践已经称臣于吴，哪有臣伐君的道理？"伍子胥乃援引汤伐桀、武王伐纣都是臣伐君的例子，进一步说服夫差。

这时，伯嚭竟借题发挥，攻击伍子胥把夫差与夏桀、商纣类比是太过分了。并对夫差说："借粮给越，无损于吴，而且有德于越，何乐而不为呢！"

夫差受伯嚭的怂恿支持，借给了勾践一万石粮食，结果上了大当。第二年，勾践把蒸熟了的粮食如数归还给吴国，夫差还认为勾践真守信义，并把勾践归还的粮食作为种子，分给农民播种，农民播种后不生不长，造成吴国歉收，夫差还以为是因水土不服而造成的结果。

伍子胥为了吴国的利益，对伯嚭的祸国之心所做的斗争，由于夫差偏信伯嚭而连连受挫，同时，他又看到这位奸臣得势，因此对吴国的前途已悲观绝望，不得不考虑自己的后路。

其时，夫差正一心想图霸中原。他先后伐陈、伐蔡、伐齐，企图北上进取中原。公元前484年，夫差又联合鲁国伐齐，勾践为了怂恿夫差北进，以削弱吴国的力量，特派使臣去向夫差祝贺，并表示愿意发兵三千助吴伐齐。夫差对此十分高兴，伍子胥则心情沉重，他又劝夫差说："越国是吴国的心腹之患，今信人之浮辞诈伪而贪齐，即使破了齐国，也不过是块石田，不能种植庄稼。希望君王放弃伐齐而先伐越，不然后悔莫及。"

就在这时，夫差对伍子胥没完没了的谏劝已感到厌烦和恼火，伯嚭即乘机为夫差出了个主意，叫他派伍子胥出使齐国，假手于齐，杀掉子胥。

夫差觉得这个主意不错，乃写了一封责齐侯欺鲁慢吴之罪的信，叫伍子胥送往齐国，借此激怒齐侯，杀死伍子胥。伍子胥自料吴国必亡，乃乘出使齐国之使，把儿子伍封带到齐国，托寄在朋友鲍氏家中。齐侯知伍子胥是一位忠臣，与伯嚭有矛盾，不但不杀他，而且以礼相待，把伍子胥送回吴，目的是使他与伯嚭可以忠奸相攻。

伍子胥完全没有预料到这事对自己造成的危险。当夫差伐齐取得胜利以后，伯嚭即抓住这件事对他进行陷害．他对夫差说：

"前日王欲伐齐，子胥以为不可，王卒伐之有功。子胥耻其计谋不用，乃反怨望。且使人微伺之，他出使齐国，属其子于齐之鲍氏。夫为人臣，内不得志，外倚诸侯，自以为先王之谋臣，今不见用，常耿耿于怀，愿王早图之。"夫差听了伯嚭的话，正合心意，说："微子之言，吾亦疑之。"于是乃使人赐伍子胥"属镂"之剑，让他自刎。

伍子胥接剑在手，悲愤交集，仰天长叹，他痛惜夫差听信伯嚭谗言，也痛惜吴国必将覆灭，临死之前对舍人说："我死之后，请把我一双眼睛挂在姑苏城的东门上，让我总有一天会看见越国军队从这个城门进来，灭掉吴国。"在含恨中自刎而亡。

用赏贵信，用刑贵正。赏赐贵信，必验^①耳目之所闻见，其所不闻见者，莫不暗化矣。诚畅于天下神明，而况奸者干君？右主赏^②。

【注释】
①验：和证据互相对照，以便明了真相。
②主赏：主要讲罚赏必信。

【译文】
凡奖赏，最重要的是守信；凡刑罚，最重要的是公正。赏必信，刑必正，必须让臣民亲身见闻。对于那些没有亲见亲闻者，也有潜移默化的作用。君主的诚信若能畅达天下，连神明也会护佑，又何惧奸邪之徒干扰君主呢？以上是君主赏罚的艺术。

【鬼谷智囊】
"信"与"正"是赏与罚的关键所在。有功不赏，则无人思进取；有过不罚，则恶人将肆虐。赏、罚都要取信于民，使社会形成良好的风气。

管仲按劳取酬

春秋时期，齐国著名政治家管仲，提出在用人时应"以其所积者食之"。也就是说，应根据办事者的才德和贡献大小发给俸禄。

管仲说："土地不开发耕种，就不能算作自己的土地；百姓不进行管理，就不能算是自己的臣民。凡是管理老百姓的，要根据他们的才德和贡献大小发给俸禄供养，对这件事是不能不慎重对待的。"怎样实行"以其所积者食之"呢？

管仲说："其积多者，其食多；其积寡者，其食寡；无积者，不食。"意为才德高、贡献大的人，俸禄供给应该丰厚；才德平庸、贡献小的人，俸禄供给应该微少；没有贡献的人，就不发给俸禄。

管仲认为：假如对有贡献的人而不发给俸禄，那么就会使他与上边离心离德（"则民离上"）；对贡献大的人发给的俸禄少，那么就会使他不愿意工作（"则民不力"）；对贡献小的人发给的俸禄多，那么就会使他变得狡猾奸诈（"则民多诈"）；对毫无贡献的人无故发给俸禄，那么就会使他得过且过、侥幸投机（"则民偷幸"）。

管仲指出：由于不能"以其所积者食之"而出现了"离上""不力""多诈""偷幸"的人，是"举事不成、应乱不用"的。其意思为：这样的人既不能把事情办成功，更不能用来对付敌人。所以，管仲强调"察能授官，班禄赐予，使民之机也"。意思是考察其能力授以官职，按贡献发给俸禄，是管理民众的关键所在啊！

管仲的观点就是：按劳取酬，这样既有助于激发人的积极性和主动性，也可以排斥寄生虫。

一曰天之，二曰地之，三曰人之。四方上下，左右前后，荧惑①之处安在。右主问②。

【注释】

①荧惑：火星，这里引申为危险的迹象。

②主问：多方咨询。

【译文】

作为君主，一要问天时之吉凶，二要问地理之险易，三要问人情之顺逆。还要遍查四方、上下、左右、前后，看哪里有危险的迹象。以上是君主调查询问的原则。

【鬼谷智囊】

统御者必须摆正自己的位置，虚心地亲近群众，"从群众中来，到群众中去"。只有保持与民众的接触，才能更好地了解民众的真实想法，更好地管理国家和社会。

大禹治水胸怀百姓成仁君

大禹去治水时，新婚仅仅四天，还来不及照顾妻子，便为了治水，到处奔波。当他听到有人被洪水淹死时，感觉就像自己家里亲人在大水中死去一样痛苦不安。他毅然离开新婚燕尔的妻子，率领群众治水，三过家门而不入。

《吴越春秋》上还记载，大禹治洪水到苍梧，见到一个被绑着的犯人，禹抚摸着他的背哭。别人说："这个人犯了法，理所应当被处罚，何必哭他？"

禹说："如果男子不耕种，天下就会受到饥饿之苦；女子不养蚕织布，天下就会受到寒冷之苦，我尽心尽力治水，使人民安居乐业，各得其所。现在却还是有人犯法，说明我的德行还不够深厚。这个犯罪的人，是我不能教化人民的明证，所以我很悲痛。"

禹公而忘私，献身于为人民造福的事业，更以仁爱之心教化人民，成为后人传颂的贤明君主。

心为九窍①之治，君为五官②之长。为善者，君与之赏；为非者，君与之罚。君因其所以来，因与之，则不劳。圣人用之，故能赏之。因之循理，固能久长。右主因。

【注释】

①九窍：窍是出入空气的小穴。人体上共有九个小穴，就是口、两耳、两眼，两鼻孔、二便孔等，但是通常都除掉二便孔而称为"七窍"。

②五官：古代五种重要官职。即司徒、司马、司空、司土、司寇。

【译文】

心是九窍的主管，君主是五官的领袖。凡做善事者，君主应给予赏赐；凡做坏事者，君主应给予惩罚。君主要根据臣下的政绩来决定任用，斟酌情况给予适当回报，这样就不会劳神。圣贤的君主这样做了，所以受到臣民称赞。只要能遵循客观规律，国家就能长治久安。根据所求而给予，会使对方喜悦至极。对臣民而言，虽无玉帛等贵重之物，君主的勉励也如同赏赐。以上是君主因人治国的原则。

【鬼谷智囊】

在所有的资源中，人才是最宝贵的一种资源。作为统御者，能做到"人尽其才"，事业才有希望。但是，人事安排是一项很困难的工作，需要花费精力去研究。实际上有才之人一旦被任用，所发挥出的功用不止是一人之幸。君王起用人才一定要善始善终，只有如此，国家民众才能长久受其功益。

齐威王用人不疑

战国时，秦国采取"远交近攻"的战略，欲借助韩、魏的军力去攻打齐国，齐威王得知后就派将军匡章率兵迎战。

两军营地交错相间，双方开战之前，使者相互来往。匡章就借此机让许多齐军士兵改旗易帜，换穿秦国人军服进入秦营，待机接应配合齐国的军队攻打秦国。

这时齐威王也派使者前往秦国打探消息，但是使者都摸不透匡章的用意，觉得他可能是叛国投敌，便回来报告说："匡章可能与秦国人串通。"齐威王听了置之不理。过了不久，又有前线回来的人向齐威王报告说："匡章可能降秦。"齐威王仍不动声色。

事情如此再三，众大臣忍不住纷纷向齐威王反映道："这么多不同的人都反映匡章要造反，大王为什么不发兵攻打匡章呢？"

齐威王闭目凝神片刻，信心满满地说："我清楚此人，他明显不是投降，为何要攻击他？"

战斗开始不久，从前线就传来齐军大获全胜的捷报，原来匡章率齐军攻入秦军大营，与先前混入秦营的齐国将士里应外合大败秦军。群臣大感惊讶，赞叹之余都纷纷询问齐威王何以有此先见之明。齐威王说出了原因。

原来，匡章的母亲在世时因为得罪了他的父亲，被他的父亲一气之下杀死后，就埋在马棚之下。威王任命匡章为将时，其父已经死了。齐威王曾许诺他，如果他能打败秦军，回来就帮他厚葬他的母亲，但匡章谢绝了，理由是：父亲生前未做此吩咐。这使齐威王对匡章的为人有了较深的了解，也坚信，他作为人子不欺骗死去的父亲，作为臣子更不会欺骗活着的君王。所以，尽管前线三次送来情报说匡章可能降秦，齐威王都没有相信，坚持放手让匡章指挥作战，终于取得了这次与秦作战的胜利。

匡章本人回朝后，知道了此事，也十分感动，忠心耿耿地听命于齐王，后来更是率军北伐燕，南征楚，身先士卒，多次为齐国立下了汗马功劳。

第十三篇 本经阴符七术

【题解】

《本经七篇》的前三篇是盛神、养志、实意。主要是讲修神养性，是鬼谷子养生学说的原典。《盛神》一文指出：人身上有五气，即心、肝、脾、肺、肾。精神是五气的统领，心灵是五气的居处，道德是五气的根本。认为"养神之所"在于道。道是神明之源。品德可养五气，心志自然可生术。术是心气所借助的手段，是魂魄的使者。九种器官、十二种住处都是气的出入口，是心的控制器，这些都是与生俱来的。只要从内部进行修炼就可以明白道数，认为人生在世上，都是在自然之中，人所以能知道事物，就是九种器官对外界刺激的反映。对哪些事物疑惑时就需要通过心术去掌握。心术勾通之后五气就可以滋养，可以使精气固住，宁静可以养气，养气可以宁静。假如能修炼到精神常住那就叫"从神到化"，对身体来说就是"得道成仙"。"得道成仙"就是跟自然相同，跟道数相合，坚守无为的原则，心怀自然，滋养五气。

盛神①法五龙②

盛神中有五气③，神为之长，心为之舍④，德为之大⑤。养神之所归诸道⑥。道者，天地之始⑦，一其纪也⑧，物之所造，天之所生，包宏无形，化气，先天地而成，莫见其形，莫知其名，谓之神灵。故道者，神明之源，一其化端⑨。是以德养五气，心能得一⑩，乃有其术⑪。术者，心气之道所由舍者，神乃为之使。九窍十二舍⑫者，气之门户，心之总摄⑬也。生受于天⑭，谓之真人。真人者与天为一。内修炼而知之，谓之圣人。圣人者，以类知之⑮。故人与一生，出于物化⑯。知类在窍⑰，有所疑惑，通于心术，心无其术，必有不通⑱。其通也，五气得养⑲，务在舍神⑳，此谓之化㉑。化有五气者，志也、思也、神也、心也、德也，神其一长也。静和者养气，养得其知，四者㉒不衰，四边威势，无不为存而舍之㉓，是谓神化。归于身，谓之真人。真人者，同天而合道，执一㉔而养产万类，怀天心。施德养，无为以包专虑思意，而行威势者也。士者通达之，神盛乃能养志。

【注释】

①神：精气、魂魄。

②五龙：五行中的龙。所谓"五行"，是我国说明宇宙万物变化的传统学说。因为在天地之间，有循环流转不停的金、木、水、火、土，万物就是根据这五种元素而产生。龙是古代想象中神灵，具有超人能力。

③五气：指心、肝、脾、肺、肾等五类之气。气是万物生成的根源，形成风雨、寒暑、阴阳等天地间观察之源，在人体中具有生命力、意志、感情。

④心为之舍：心是五气所宿的地方。

⑤德为之大：德最能治邪，因此使人成为人的本源。

⑥养神之所：归诸道：根据道来养神，道是天地的真理、万物的根源。

⑦天地之始：无的意思，"老子"中有"无名天地之始，有名万物之母"，所以"天地之始"就是无，而无常常表现为有，

有又常常归于无的形态。

⑧一其纪也：天地之始是道，道之始是一，因此一为其纲纪。

⑨化端：变化的开始。

⑩得一：一是无，也就是万物之源。

⑪有其术：心如果能变成无为，其术自然产生。

⑫十二舍：是指目、耳、鼻、舌、身、意、色、声、香、味、触、事等而言。

⑬摄：统率、收容。

⑭受于天：道是由上天传授到人间的。

⑮圣人者，以类知之：圣人固然伟大，但必须有学问之后才能明道，所以比真人要低一个层次。

⑯人与一生，出于物化：人共同所产生的，就是无为自然的天地作用，人诞生之后就从物而化。

⑰知类在窍：人之所以能知事类，完全是根据九窍。类是认识事物，概念之后加以类别。

⑱有所疑惑，通于心术，心无其术，必有不通：假如根据九窍还不知道而陷于迷惑，术就不通。

⑲其通也，五气得养：假如心术能很通，五气自然能被养。

⑳务在舍神：努力使魂魄停止住下来。

㉑此之谓化：假如能努力使魂魄住下来，自然会从胜而化。

㉒四者：指志、思、神、德而言。

㉓存而舍之：经常使其住在这里。

㉔执一：坚守无为。

【译文】

强化人的精、气、神，要效法五行之龙变化之法。精神旺盛的人，身体的五脏之气很强。其中在五脏之气——神、魂、魄、情、志中，神居主位。

心是神的处所，品德树神外在表现形式，而养神之宝，归之于道。

所谓"道"是产生天地的本源。一切由"道"始，然后由一生二，由二生三，由三生万物。万物所成，皆由天地生，而包含万物化之为气。"气"先天地而生，看不见它的形象，叫不出它的名字，我们就称它为"神灵"。

所说的"道"，是神明的本源，万物变化之始，由此修德、养五气，人就能专心致志，获得一定的道术。所谓"道术"就是在"神气"出入身体时，人能自由运用它。

人的身体有九窍十二舍。即人的眼、耳、鼻、舌、身都是人与外界接触的门户，由心灵总管它们。

人本受命于天，故称为真人。真人原天合为一体。其中，明白大道理的人，刻苦修炼内功，就称为"圣人"。所谓"圣人"，是能掌握以此类推的方法，解决疑难。

人生活在天地间，就在于随环境变化。接受外界知识在于利用各种感觉器官；解释疑难在于通过心灵进行综合分析。苦无心灵的思维，"道术"则有不通之处。

要使"道术"通达，务必内养"五气"——神、魂、魄、精、志，而且要使"神道"归于自身。此一过程称之为"化"。亦万物自然运化的规律，内养"五气"。在"志""思""神""德"中，"神"气是最主要的。要用"静和"之法养气，养气目的使上述"四者"平和。上述四者不衰，而且能呈现威势，就能无所不为，使气常存于身，使"神"气变化，归之于身，被称之为"真人"。所谓真人，就是能合天意，按万物产于一的自然规律养护万物，怀大志，施道德，养育万民，以无能不包的思想威行于世界的人。所谓士，一般能通达此理，也能精神旺盛，养气养志。

【鬼谷智囊】

鬼谷子在本篇指出了积蓄力量的问题。

鬼谷子说，盛神，即积极努力，积蓄力量的过程。要利用宝贵时间，加强内功的修炼，积累经验，磨炼意志，增强竞争能力，以保证在时机成熟时，似离弦之箭，下山之虎，迅速出击，锐不可当。在时机不成熟时要等待时机，从表面看，似乎是缓慢和迟延的，而实际上是最快的。因为，时机未到，随意妄行，势必要吃亏上当，大大延缓事业的进程。欲速则不达。

刘秀积蓄力量复兴汉

新莽天凤年间，荆州、新市（今湖北京山）一带因自然灾害，饥民大增，加之王莽的倒行逆施，社会矛盾加剧，终于引发了号称绿林军的农民起义。

地皇三年（22年），南阳郡春陵的豪强刘縯、刘秀兄弟，为西汉的皇亲宗室。由于王莽废除了汉宗室的封号，切断了荣升进官的仕途，心怀积怨，便以"复高祖之业"相号召，联络地方豪强，并把宗族族人、宾客组成七八千人的军队，号称春陵军，参加反对王莽的新军，从而发展壮大起来。

刘秀是一位颇具政治野心，又具政治谋略和胆识的政治家。他眼见绿林军的强大，很有发展前途，就劝刘縯暂时委身参加了绿林军，欲借农民义军的力量，击败王莽，恢复汉刘的宗室王朝。

地皇四年（23年）二月，绿林军拥立刘玄称帝而复汉的更始政权建立后，刘縯当了大司徒，刘秀则任太常、偏将军。

同年六月，在著名的昆阳之战中，绿林军消灭了新军的主力，接着推翻了王莽政权。在昆阳之战中，刘秀立了大功，刘縯又夺取了宛城。更始帝刘玄怕二刘兄弟势力超过自己，借他们与农民义军分庭抗礼之机，以违令之罪，杀掉刘縯。刘秀闻讯，施巧计，以退为进，赴宛城谢罪，以博农民军信任，被封为破虏大将军、武信侯，不久又行大司马事，不仅免死，而且升官。接着，被派往河北去招抚州郡。刘秀以计脱身，到了河北，犹如放虎归山，势力很快发展起来。

次年五月刘秀率军诛灭邯郸的王郎，封萧王。河北地区的豪强势力归附于他，使势力大增。同年秋又收编铜马等农民义军，扩充实力称"铜马军"。不久，刘秀与绿林军决裂。建武元年，刘秀在北柏乡称帝，史称光武皇帝，接着定都汉阳，称为东汉。

此后，他反手过来，镇压了绿林和另一支赤眉农民义军，用十二年时间，削平群雄，完成了中兴汉室的统一大业。刘缤、刘秀兄弟为了实现政治目的，投身草莽，借农民义军的"尸"，消灭了王莽政权。然后又软硬兼施，东山再起，从而还了自己称帝复汉的"魂"。

养志法灵龟①

养志者，心气之思不达也②。有所欲，志存而思之。志者，欲之使也。欲多则心散，心散则志衰，志衰则思不达。故心气一，则欲不惶③；欲不惶，则志意不衰；志意不衰，则思理达矣。理达则和通，和通则乱气不烦于胸中。故内以养志，外以知人。养志则心通矣，知人则职分明矣。

将欲用之于人，必先知其养气志，知人气盛衰，而养其气志，察其所安，以知其所能。志不养，则心气不固；心气不固，则思虑不达；思虑不达，则志意不实；志意不实，则应对不猛；应对不猛，则失志而心气虚；志失而心气虚，则丧其神矣。神丧则仿佛④，仿佛则参会⑤不一。养志之始，务在安己。己安则志意实坚，志意实坚则威势不分，神明常固守，乃能分之。

①养志法灵龟：因为志是判断是非的，所以使用占卜的龟甲最能判断吉凶，因此才必须效法灵龟。

②养志者，心气之思不达也：由于心气不达，所以才要养志。

③惶：多的意思。

④仿佛：两者相像而难辨别，也就是不明确的意思。

⑤参会：指志、心、神三者交合。

【译文】

养志的方法要效法灵龟。思维不畅达的人要培养自己的志气。

一个人心中有欲望，才会有一种想法，使欲望化为现实。所谓"志向"不过是欲望的使者，欲望过多了，则心力分散，意志就会薄弱，就会思力不畅达。

如果心神专一，欲望就不会多，欲望不多，意志力就不会衰弱，意志力不衰弱，思想就会畅达。思想畅达则心气和顺，心气和顺，心中就不会烦乱。

因此，人对内要养气；对外，要明察各种人物，修养自己的"五气"，就心情舒畅。了解他人，才能知人善任。

我们想要任用人，一定要先知道他养气的功夫，知道他心气的盛衰。知道他的心志状态，看其养气修志，观察他是否稳健，就知道他的能力。

不修养心志，"五气"就不稳固；"五气"不稳固，思虑就不畅达；思虑不畅达，意志就不坚定；意志不坚定，反应就不快捷；反应不快捷，就会失掉信心，心气就会虚弱；如果心气虚弱就会失神丧志。如果失神丧志就会精神恍惚，精神恍惚，"志""心""神"三者就不协调了。

修养心志之始，定要先安定自己。自己意志安定了，意志才坚定，有了坚定的意志才能有神威。神威固守，才能调动一切。

【鬼谷智囊】

《鬼谷子》认为："养志是由于欲望不能得以实现，需要养志以通达，志是欲望的使者，欲望多，心神就会散漫；心神散漫，志气就会消沉；志气消沉就不痛快。所以心气如能有所抑制，欲望就不会过多；欲望不会过多，意志就不会消沉；意志不消沉，思想就痛快。思想通了，气就顺了，于是闷气就不会产生。"

为此，在内要以养五气为主，在外要以了解他人为主，这样就会心情舒畅，安于职守。要使用一个人，要看到他养气的功夫，以知道他的修养和欲望，再了解他的爱好和才干。《鬼谷子》认为，心气得不到修养，心气就不会坚定，情绪就不愉快，思想就不通达，意志就不踏实，应付就不会周到，心气空虚，就等于丧失灵魂。养志的目的就是要使自己安定，意志坚定精力集中。对外要明察各种人物，知道他们的意志状态，知道他们的能力，才能做到知人善任。

姜太公钓鱼戒急戒躁

商朝的末代国王商纣是个荒淫无耻、惨无人道的奴隶主头子。周国的周文王姬昌看到纣王的昏庸腐败，决心讨伐商朝，取而代之。

为此，他一方面广泛访求各方面的人才，常常忙得连吃饭的工夫也没有；一方面亲自率领老百姓在田间耕作，努力发展农业生产。当时许多有名的志士仁人，都被他招纳来了，连商朝的一些文臣武将，也不断跑来投奔他。但周文王感到还缺少一位既有雄才大略，又善于运筹帷幄的军事统帅，他就经常外出访求。

有一天，他以打猎为名，又到民间访贤。在渭水河边，他看见一个鹤发童颜、目光炯炯的老渔翁，坐在一块大石头上钓鱼，任凭马嘶人叫，丝毫不受惊扰。周文王跳下车来，拱手走到老渔翁面前，诚恳地和他攀谈起来，并向他请教对天下大势的看法。老渔翁从容不迫，口若悬河，从政治到军事，见解精辟，分析透彻。周文王喜出望外，把这位老渔翁请回，尊称为"太公望"。传说"太公望"姓姜，名尚，字子牙。他的祖先也是东方的贵族，但到他这一辈已经没落了，穷得吃了上顿没下顿。但他勤学好问，到处借书抄书，刻苦攻读，特别是对于兵法，他钻研得更加精深，造诣很深。但在暗无天日的商朝，他报效无门，直到七八十岁，仍不为人知。后来，他听说周文王访求人才，准备伐商，就从东方来到渭水之滨，并在周文王常打猎的地方钓鱼，一心等待周文王的来临，他一连钓了3天，竟然没有一条鱼上钩。气得他把衣服脱了，帽子也扔了。有个农民对他说："要把钓线换成细一点儿、长一点儿的，鱼饵换成香一点儿的，下钩时手脚再轻一点儿，耐住性，沉住气，这样，鱼就上钩了。"姜子牙照办了，很快钓住了大鱼，还从中悟出了一个道理：同钓鱼一样，要想推翻商朝的残暴统治，就要力戒急躁情绪，一切要从长计议，悄悄地做好准备。只有这样，才能钓住商纣王这条"大鱼"。

周文王请到姜子牙后，立即拜为军师。他们一面整顿内政，鼓励生产，训练兵马；一面对周围的小国恩威并施，团结、争取。结果，不仅芮、虞等一些小国归附了周国，西边的犬戎和密须也被征服了，这就为大军东进解除了后顾之忧。随后，他们便东渡黄河，吞并了邗、黎、崇等商朝的附属国，为进军商都朝歌（今河南淇县）扫清了障碍。

正当他们准备向朝歌挺进时，周文王不幸病逝。姜子牙继续辅佐文王的儿子武王，统率浩浩荡荡的大军，在离朝歌70里的牧野，与商军进行了决战。商纣王大败后在鹿台自焚身亡。从此周朝取代了商朝。周武王封姜子牙为齐侯，姜子牙就成了春秋战国时期齐国的始祖。

姜子牙钓鱼，在等待中做到心如止水，才能够分析天下大势，从而一展抱负。

实意法螣蛇[①]

实意者，气之虑也[②]。心欲安静，思欲深远。心安静则神策生，虑深远则计谋成。神策生则志不可乱，计谋成则功不可间。意虑定则心遂安，心遂安则所行不错[③]，神自得矣，得则凝[④]。识气寄，奸邪而倚之[⑤]，诈谋而惑之，言无由心矣。故信心术[⑥]，守真一而不化，待人意虑之交会，听之候之[⑦]也。计谋者，存亡之枢机。虑不会，则听不审矣，候之不得。计谋失矣，则意无所信，虚而无实。故计谋之虑，各在实意，实意必从心术始。无为而求安静五脏[⑧]，和通六腑[⑨]，精神魂魄固守不动，乃能内视[⑩]、反听、定志。虚之太虚，待神往来。以观天地开辟，知万物所造化，见阴阳之终始，原人事之政理，不出户而知天下，不窥牖而见天道，不见而命，不行而至。是谓道知以通神明，应于无方，而神宿矣。

【注释】

①螣蛇：类似龙的神蛇，能腾云驾雾在云中飞舞。

②实意者，气之虑也：只要把意当作实体，气就变得和平，虑也会变成具体。

③心遂安则所行不错：如果内心平静，就不会有错误。

④凝：凝结、安定。

⑤识气寄，奸邪而倚之：假如识气只是单纯的暂时寄住，那

么奸邪就会乘虚而入。

⑥信心术：使心术证明。

⑦待人意虑之交会，听之候之：待人接物必须诚恳，上下交流之后，听从其言论，进而静观其动静。

⑧五脏：指心、肝、肺、脾、肾。

⑨六腑：人体中消化、吸收、排泄的脏器总称，包括胆、胃、小肠、大肠、三焦（胸膈、上腹和脐腹的三部分脏器，又分上焦、中焦、下焦）和膀胱。

⑩能内视：指不使心外散而言。

【译文】

坚定意志之法要效法腾蛇。坚定意志就要会养气。心情安详，是思虑之本。

心境需要平静，思虑需要高远。心境平静则精神愉快，思虑深远则计谋有成。心情愉快，思虑就不乱；计谋成功则事业就不可破坏。意志、思虑稳定，则心境安详，心境安详则所作所行就不会有多大差错。精神愉快就容易使神思集中。

如果人的胆识、心气只是暂时寄住在那里，那么奸邪就可能乘虚而入，诈谋也可以乘机而行，所说的话也不会是用心思考的。

所以说坚守心灵的术法，在于信守纯真而不变化，等待机会，待时机成熟，就可以根据上下交合的判断来解决问题。

所谓"计谋"，是国家存亡的关键。思虑不周，则听得不明，即使等待时机，其机会也不会来到。计谋失效则意志不坚定，就会变得虚幻而不切实。

作为"无为"思虑，要求人静思，五脏六腑都通畅，精神魂魄固守纯真，能够自我反省，听取外界消息，凝神安志，神游太虚，待神明往来归己。以此观天地之变化，悟解万物造化的规律，知阴阳之交替，懂得人间之政理。

这样，不出门就可以知晓天下大事，不开窗就可以看见日月星辰。等天体变化之道，不必见到民众，民众就能听命而行；不必推行政令，天下就可以大治。

这就是所谓"道"。以此可以与神明交往，应用于天边天涯的世界，而使神明长存世间。

【鬼谷智囊】

一个人的意志、思虑安定，则心境就安详。心境安详则所作所为就不会有多少大的差错，精神愉快就能使精神集中。所以鬼谷子说：要坚定意志，心境要平静，思虑要深远。

人无远虑，必有近忧。不考虑长远利益，就不能谋划当前的问题，不考虑全局利益，就不能处理好局部问题。谋深计远，需要认识和掌握事物发展变化的可能和趋势，事先采取相应的措施，做到知人所不知，见人所不见。

应对可能出现的情况，做出各种估计，将有利因素、不利因素充分考虑到，并分别提出几种不同的对策，这样才能时时保持主动，立于不败之地。

实施之前，先做周到的筹划和必要的准备。具体应做到三点：

1.先知。先知包括知己知彼。知彼就是了解对方的真实意图、底数、手法等。根据双方实际制订出切实可行的方案。

2.周密安排。实施前要对大小事都进行周密安排，任何一个环节出错，都会影响全局，都应考虑周全，安排妥当。

3.注意环境优势。应当力争充分利用自己的环境优势。如果要换地方，也应在中性环境或自己熟悉的环境中进行。

晋伐交伐谋败楚城濮

公元前632年的晋楚城濮之战，是春秋时期晋、楚两个诸侯国争霸中原的一次战争。

春秋时期，地处江汉之间的楚国日益强盛，它控制了西南和东面的许多小国和部落。在楚文王时期，楚国开始北上向黄河流域发展，攻占了申（今河南南阳北）、息（今河南息县西南）、邓（今河南漯河市东南）等地，并使蔡国屈服。楚咸王时期，齐国崛起，齐桓公称霸中原，楚国难以再向北扩张。齐桓公死后，齐国内乱，霸业衰落，这时楚国乘势向黄河流域扩展，控制了鲁、宋、郑、陈、蔡、许、曹、卫等小国。公元前638年，楚军在泓水之战中打败了宋襄公，开始向中原发展，期望成就霸业。正当楚国图谋中原称霸之时，在今天的山西西南的晋国也逐渐强盛起来。公元前636年，流亡在外十九年的晋公子重耳在秦国的帮助下回国即位，称晋文公。晋文公即位后，实施一些改革措施和外交活动，逐步具备了争夺申原霸权的强大实力。

　　早在晋文公即位的那年，周襄王遭到他兄弟叔带勾结狄人的攻击，王位被夺，文公及时抓住了这个尊王的好机会，平定了周室的内乱，护送周襄王回到洛邑。襄王以文公勤王有功，便赐以阳樊、温（今河南温县西）、原（今河南济源西北）等地。晋文公遂命赵衰为原大夫，狐溱为温大夫，经营这一对争霸中原有战略意义的地区。由于晋文公抓住了"尊王"这块招牌，在诸侯中的地位大为提高。楚国急于想阻止晋国的进一步向南发展，而晋国要想夺取申原霸权，就非同楚国较量不可。因此，晋、楚之间的矛盾日益尖锐起来。

　　公元前634年，鲁国因和莒、卫两国结盟，几次遭到齐国的进攻，便向楚国请求援助。而宋国因在泓水之战中被楚国击败，襄公受伤而死，不甘心对楚国屈服，看到晋文公即位后晋国实力日增，也就转而投靠晋国。楚国为了保持其中原的优势地位，便出兵攻打齐、宋，并借以制止晋的向南扩展。晋国也正好利用这一机会，以救宋为名，出兵申原。这样，晋楚两国的军事交锋便不可避免地发生了。

公元前633年冬，楚成王率领楚、郑、陈、蔡等多国军队进攻宋国，围困宋都商丘；宋国的司马公孙固到晋国告急求援。于是文公和群臣商量是否出兵及如何救宋。大夫先轸力劝晋文公出兵救宋，他认为，救宋既能够"取威定霸"，又报答了以前晋文公流亡到宋国时，宋君赠送车马的恩惠。但是宋国不靠近晋国，劳师远征救宋，必须经过楚国的盟国曹、卫；而且楚军实力强大，正面交锋也恐怕难以取胜。晋国的狐偃针对这一情况，建议晋文公先攻曹、卫两国，那时楚国必定移兵相救，那样宋之围便可解除。晋文公采纳了这一建议。尽管如此，晋国感到真正的敌人是楚，要对付如此强大的敌人，必须进行较充分的准备。晋国按照大国的标准，扩充了军队，任命了一批比较优秀的贵族官吏出任军队的将领。

公元前632年正月，晋文公将军队集中在晋国和卫国的边境上，借口当年曹共公侮辱过他，要求假道卫国进攻曹国，遭到卫国拒绝。晋文公迅速把军队调回，绕道从现河南汲县南黄河渡口渡河，出其不意地直捣卫境，先后攻占了五鹿及卫都楚丘，占领了整个卫地。晋军接着又向曹国发起了攻击，三月间，攻克了曹国都城陶丘（今山东定陶），俘虏了曹国国君曹共公。晋军攻占了曹、卫两国，但楚军却依然用全力围攻宋都商丘，宋国又派门尹般向晋告急求救。晋文公开始感到左右为难了。不出兵救宋吧，宋国国力不支，一定会降楚绝晋；出兵吧，自己兵力单薄，没有必胜的把握，何况直接与楚发生冲突，会背上忘恩负义之名。（文公当初流亡路过楚国时，楚成王招待他非常周到，不仅留他住了几个月，最后还派人护送他到秦国。）这时，先轸分析了楚与秦、齐两国的矛盾，建议让宋国表面上同晋国疏远，然后由宋国出面，送一份厚礼给齐、秦两国，由他们去请求楚国撤兵，晋国则把曹共公扣押起来，把曹、卫的土地赠送给宋国一部分。楚国同曹、卫本是结盟的，看到曹、卫的土地为宋所占，必定会拒绝齐、秦的劝解。这样楚国就将触怒齐、秦，他们就会站在晋国一边，出兵与楚作战。晋文公对此计十分赞赏，且马上施行。楚国果然上当中计，拒绝了秦、齐的调停。而齐、秦见楚国不听劝解，大为恼怒，便出兵助晋。齐、秦的加盟，使晋、楚双方的力量对比发生了根本性的变化。

楚成王看到齐、秦与晋联合，形势不利，就令楚军从前线撤退到楚地申，以防秦军出武关袭击它的后方。同时命令戍守谷邑的大夫申叔迅速撤离齐国，命令尹子玉将楚军主力撤出宋国。子玉对楚成王回避晋军很不满意，他对成王说："你过去对晋侯那么好，他明明知道曹、卫是楚的盟国，与楚的关系密切，而故意去攻打它，这是看不起你。"楚成王说："晋侯在外流亡了十九年，遇到很多困难，而最后终于能够回国取得君位，他尝尽艰难，充分了解民情，这是上帝给他的机会，我们是打不赢他的。"但是子玉却骄傲自负，听不进楚成王的劝告，仍要求楚王允许他与晋军决战，并请求增加兵力。楚成王勉强同意了他的请求，但不肯给他多增加兵力，只派了少量兵力去增援他。于是，子玉以元帅身份向陈、蔡、许、郑四路诸侯发出命令，相约共同起兵。他的儿子也带了六百家兵相随。子玉自率中军，以陈、蔡二路兵将为右军，许、郑二路兵将为左军，风驰雨聚，直向晋军扑去。子玉逼近晋军后，为了寻求决战的借口，派使者宛春故意向晋军提出了一个"休战"的条件：晋军必须撤出曹、卫，让曹、卫复国，楚军则解除对宋都的围困，从宋国撤军。中军元帅先轸提出一个将计就计的对策，以曹、卫与楚国绝交为前提，私下答应让曹、卫复国；同时，扣押楚国的使者，以激怒子玉来战。晋文公采纳了他的计策。子玉得知曹、卫叛己，使者又被扣，便恼羞成怒，倚仗着楚国的优势兵力，贸然带兵扑向晋军，寻求决战。

晋文公见楚军来势凶猛，就命令晋军后撤，以避开它的锋芒。有些将领不理解文公的意图，问文公："没有交手，为什么就后退呢？"文公说："我以前在楚的时候曾对楚王说过，如果晋楚万一发生了战争，我一定退避三舍。我是遵守诺言的。"实际上，晋军的"避退三舍"，是晋文公图谋战胜楚军的重要方略。晋军"避退三舍"（九十里）后，退到了卫国的城濮，这里距离晋国比较近，后勤补给、供应方便，又便于齐、秦、宋各国军队会合；在客观上，"避退三舍"也能起到麻痹楚军、争取舆论同情、诱敌深入、激发晋军士气等多重作用，将晋军的不利因素变为了有利因素，为夺取决战奠定了基础。晋军退到城濮停了下来。这时，齐、秦、宋各国的军队也陆续到达城濮和晋军会师。晋文公检阅了军队，认为可以与楚军决战。这时，楚军追了九十里也到达城濮，选择了有利的地形扎下营。随后就派使者向晋文公挑战。晋文公很有礼貌地派了晋使回复子玉说："晋侯只因不敢忘记楚王的恩惠，所以退避到这里。既然这样仍得不到大夫（指子玉）的谅解，那也只好决战一场了。"于是双方约定了开战的时间。

公元前632年4月4日，晋楚两军决战开始。晋军针对楚军中军强大、左右翼军薄弱的部署特点，和楚军统帅子玉骄傲轻敌、不谙虚实的弱点，发起了有针对性的攻击。晋下军佐将胥臣把驾车的马蒙上虎皮，出其不意地首先向楚军中战斗力最差的右军——陈、蔡军进攻，陈、蔡军遭到这一突然而奇异的进攻，惊慌失措，弃阵逃跑，楚右翼就这样迅速崩溃了。晋军同时也把进攻的矛头指向楚左军。晋上军主将狐毛在指挥车上故意竖起两面镶有彩带的大旗，非常醒目，远远就可望见。狐毛和许、郑联军一接触，就故意败下阵来。在逃跑时，在车的后面拖了很多树枝，树枝刮起的尘土，遮天蔽日，给在高处观阵的子玉造成了错觉，以为晋军溃不成军了，于是急令左翼部队奋勇追杀。晋中军元帅先轸等见楚军已被诱至，便指挥中军横击楚军，晋上军主将狐毛回军夹击楚左军。楚左军退路被切断，陷入重围，基本就歼。子玉见左右两翼军都已失败，急忙下令收兵，才保住中军，退出战场。城濮之战最终以晋胜楚败而告终。

城濮之战以晋胜楚败告终，追安原因是善于伐交伐谋手段，使楚军陷于孤军作战的阵地，最终溃不成军。晋军实施前对大小事都进行了周密安排，任何一个环节出错，都会影响全局，都应考虑周全，安排妥当。

分威①法伏熊②

分威者，神之覆③也。故静意固志，神归其舍，则威覆盛矣。威覆盛，则内实坚④；内实坚，则莫当；莫当，则能以分人之威，而动其势，如其天。以实取虚，以有取无，若以镒称铢⑤。故动者必随，唱者必和；挠其一指，观其余次；动变见形，无能间者。审于唱和，以间见间，动变明而威可分。将欲动变，必先养志伏意以视间。知其固实者，自养也。

让己者，养人也。故神存兵亡，乃为之形势。

【注释】

①分威：分是影响到很远的意思，也就是威势盛大，对人与物都有影响。

②法伏熊：效法想要进行偷袭的熊，把身体伏在地上，然后才采取行动，意指直前先要屈。

③覆：覆盖，外面。

④威覆盛，则内实坚：威的表面如果强盛，内志也自然变成坚实。

⑤以镒称铢：容易移动的意思。镒是重量单位，相当于

二十四两，铢，二十四铢为一两。

【译文】

分威要效法行将偷袭的熊。所谓分威，就是要把自己的神威隐藏起来。

平心静气地坚持自己的意志，使精神归之于心，这样隐藏的神威更加强盛。

神威强盛，内部就更为坚强雄厚，从而能所向无敌。正因为能所向无敌，就要用隐蔽法壮大声势，使之像天一样，安然无间。

用实来取虚，以有来取无，就像用锱来称铢一样，十分容易。所以，只要行动就必定有人追随，有唱者，必有和者。屈起一个指头，可以更清楚观察其余手指的活动，只要掌握行动变化的情况，对方就无法搞阴谋。认真审察一唱一和的形式，也可用反间手段，在动中掌握对方情况，用"分威"法，隐蔽实力，趁时出击取胜。

可见要想有所活动，必须先养心志，隐蔽自我实力，以暗察他人活动。

凡是意志坚实的人，就是善于自我养气，凡是谦逊的人，就是能替他人养气，所以要设法使精神交往发展，化解干戈，这就是人们所要控制的形势。

【鬼谷智囊】

鬼谷子说：隐藏自己实力的方法叫"伏熊法"。所谓分威就是把自己的实力、神威隐藏起来，用实来取虚，以有来取无。

所谓实，就是军队的勇、强、治、饱、佚众、有备等强点。所谓虚，就是怯、弱、乱、饥、劳、寡、无备等弱点，虚而实之、实而虚之，避实击虚，转换虚实，善于利用对方的弱点，战胜对方。在特定形势下，用伪装的办法将真正的志向和动机隐藏起来，免除外来的干扰和侵略，以利于保存和发展自己。本来能攻却故意装成不能，本来能守却故意装着不能守，有战斗力却故意装作无战斗力。通过迷惑敌人，使之陷于被动地位，乘势战而胜之。

运用这种谋略方法，应注意把握谋略对抗的全局，在可能的基础上示我不能，设下骗局，决不消极退让，在敌人果真受骗时，采取正确进攻方法以战而胜之。

晋文公故示弱而称霸

故意示弱，以麻痹敌军，从而乘其不备，一举拿下，往往是取胜的好方法。

春秋时期，晋国公子重耳逃亡在楚国时，楚王设宴款待他。酒过三巡，楚王乘酒兴对重耳说："有朝一日，公子返回晋国，将如何报答我？"

重耳想了想，回答道："如果托大王洪福，我真的能够回晋为君，我一定让晋国与楚国友好相处。如果迫不得已，两国不幸交战，我一定下命令让我国军队退避三舍，以此来报答大王对我的恩德。"

四年之后，重耳果然返回晋国，当了国君，史称晋文公。晋文公励精图治，选贤任能，几年后就使晋国强大起来。接着他又建立起三军，命先轸、狐毛、狐偃等人分任三军元帅，准备征战，以称霸中原。

晋国日益强大，南方的楚国也日益强盛。楚、晋两国都萌发了称霸中原、统一全国的野心，矛盾当然也就不能避免了。

公元前633年，楚国联合陈、蔡等4个小国向宋国发起攻击。宋国向晋求援，晋文公亲率三军增援宋国。

楚军统帅成得臣，骄傲狂暴，有勇无谋。晋文公深知成得臣的脾气，决心先激怒他，然后消灭他。

因为成得臣急于寻找战机，晋文公就设计暂不与他交锋。又因为当初与楚王宴饮时，晋文公许诺如与楚军交战，一定退避三舍，这一次，晋文公信守诺言，连退三舍，一直退到城濮这个地方才停下来。

其实，晋文公的后撤是早已计划好了的，他利用这次后撤达成了三个目的：一是争取道义上的支持；二是避开强敌的锋芒，激怒成得臣；三是利用城濮的有利地形。

楚将斗勃劝阻成得臣道："晋文公以一国之君的身份退避我们，给了我们好大的面子，不如借此回师，也可以向楚王交代。不然，战斗还未开始，我们在道义上就已经输了，舆论都会谴责我们。"

成得臣说："气可鼓而不可泄。晋军假如撤退就会失掉锐气，因此我们应当乘胜追击！"于是，成得臣率领晋军直追90里。

晋、楚双方在城濮摆下战场，晋国兵力远不如楚国，因此，晋文公也有些担心。狐偃道："今日之战，势在必胜，胜则可以称霸诸侯；不胜，退回国内，有黄河天险阻挡，楚国也奈何不了我们！"晋文公因此坚定了决战和取胜的信心。

战斗开始后，晋军下令佯作败退，楚军右军挥师追赶，一阵呐喊声中，胥臣率领战车冲出。胥臣所率战车驾车的马上都是披着虎皮，楚军见了，仓皇失措，溃不成军，胥臣乘机掩杀，楚右军一败涂地。

先轸见胥臣获胜，一面命人骑马拉着树枝向北奔跑，一面派人扮成楚军士兵向成得臣报告右军已经获胜。成得臣远望晋军向北奔跑，又见烟尘滚滚，于是信以为真，指挥楚军冲入晋军狐偃阵中，狐偃且战且退，把斗宜申引入埋伏圈，将楚军全歼。先轸故伎重演，又派人向成得臣报告：左军大胜，晋军败逃。

成得臣见左、右二军获胜，亲率中军杀入晋军中军之中。这时，先轸与胥臣、狐偃率晋军上军、下军前来助战，成得臣方知自己的左军、右军已经大败。成得臣拼命突围，又被晋将挡住去路，幸得晋文公及时发出命令，饶成得臣一死以报当年楚王厚待之恩，成得臣才得以逃回本国。

城濮之战后，晋军声威大震，晋文公一跃成为春秋"五霸"之一，而楚国则日益衰落，不能再与晋国抗衡。

散势法鸷鸟①

散势者，神之使也。用之，必循间而动。威肃内盛，推间而行之，则势散。夫散势者，心虚志溢②。意衰威失③，精神不专，其言外而多变。故观其志意为度数，乃以揣说图事，尽圆方、齐短长。无间则不散势，散势者，待间而动，动分势分矣。故善思间者，必内精五气，外视虚实，动而不失分散之实。动则随其志意，知其计谋。势者，利害之决，权变之威。

势败者，不以神肃察也。

【注释】

①鸷鸟：一种猛鸟。《孙子》中有鸷鸟之声，至于毁折者，节也。

②夫散势者，心虚志溢：虚怀若谷就能包容一切，踌躇满志就能决断一切，所以要好好发挥这种势。

③意衰威失：意志一旦衰微就会丧失优势。

【译文】

（在战争中）发展各部分的威力，要效法鸷鸟。分散自己的实力，要在一定思想原则的指导下，实施时，必须按着一定的空间顺序活动。威武严正，实力充实，按一定的空间顺序操作，这样各部势力就能得到发展。达到这一目标，就能心胸广博，包容一切，意志力就会充溢丰沛。

如果意志力不强，势威衰弱，精神不专，那么就会把话说漏，引起对方疑心而导致时局变化。

因此要善于观察人的志向和意识，并以此为基础，揣度关系，谋划事体，持方圆规矩之理，合乎变化法则，求得事情的尽美。没有关联和空间，则无法发展各部势力以用之，欲发展各部势力需得循序而行，而一旦行动起来，各部势力也就发展了，其作用也可以发挥。

如此说来，善于发现对方漏洞的人，必须修炼自己的五气，观察对方的虚实，行动时才能达到分散使用力量的效果。行动起来，才能本着我方意图，并确知对方的计谋（而不败）。

所谓控制势力是决定胜败的大事。威势溃败，往往是不能凝神观察所致。

【鬼谷智囊】

鬼谷子在本篇指出了善于用人，统御各种势力的问题。

鬼谷子说：散势，即要发挥各部分的威力而严正实力要充实，要有意志力，能控制一切。

晋景公依靠勇兵振兴国家

晋自灵公以来，国内争权、政局不稳，尤其自郯之战失败后，势力江河日下，失去了控制中原的能力。此时的晋国，南方受到楚国的威胁；西方有秦国的困扰；北方有白狄犯边；东方有赤狄入侵，陷于秦、楚、白狄、赤狄的四面包围之中。

晋景公继位后，他不甘心让晋国的霸业沦丧在自己手中，颇感形势之严重。因此，依靠士会、郤克、栾书、韩厥等谋臣良将，对内政外交痛加整顿，上下勠力同心，以期晋国的霸业复兴。他们决定首先迅速并灭赤狄、驱逐白狄，肃清肘腋侧背之患，从而向东扩张疆土至黄河北岸，与楚国向西扩张保持平衡状态。其次扩张军队，以实力控制诸侯，并扶助亲近晋国的国家。最后急取齐国，以分化齐楚；争取吴国，以分化吴楚；离间秦楚，以孤立楚国。前图霸方略很快实现，下一个步骤就是联结齐国。因为当时的中原，已成为晋、楚几个强国角逐之场，唯有东方的齐国尚独立于三强之外，且有举足轻重之地位，联齐抗楚对于晋国来说是十分有利的。公元前592年，晋景公派郤克出使齐国，希望能与齐顷公在断道（今山西省沁县断梁城）相会。不料，在这次出访之时，发生了齐顷公纵容妇女嘲笑来宾的不愉快事情，使晋景公联齐的策略受到挫折。

　　原来，齐顷公是个孝子，近日来见母亲抑郁寡欢，心里很是不安。恰巧此时卫、曹、晋、鲁四国的使节都来齐出访，而四国使节又各有残疾：卫使是独眼龙，曹使驼背，晋使郤克是跛子，鲁使是秃头。于是，他请母亲肖叔子同坐在帷幕后面观察四位畸形使者同时入觐，以取悦其母。不想，其母见，失声大笑。郤克认为这是对他的极端侮辱，并愤怒地宣称"此仇不报，决不渡河而东。"便立即返回晋国。

　　郤克回到晋国后，极力主张讨伐齐国。但晋景公考虑到楚在中原南部，威胁着邻接晋境的郑国、宋国，对齐开战，会给楚国造成进展的机会。如果楚与齐联合，形势就会更加严重，郤克遭受的侮慢毕竟是礼节上的次要问题。但为了对付楚国，晋必须团结齐，而要做到团结齐，又必须打垮齐的威风，刹住齐倒向楚方的趋势，因而晋齐之间孕育着一场不可避免的战争。

　　公元前591年春，郤克怂恿晋景公联合卫国攻打齐国。齐顷公在晋国军事压力下，被迫亲自来到缯地（在阳谷城附近），与晋景公会盟。但齐顷公一直因盟会束缚其对鲁、卫的行动而不满，此时楚国正向齐国表示友好，于是齐国于公元前589年毁约转而与楚国结好，并同时伐鲁击卫。鲁、卫两国终因不支而乞援于晋国。晋景公见齐国背盟结楚，联齐之望已绝。再加上楚因楚庄王死去不久，忙于内部事务，无暇对外。于是，晋景公做个顺水人情，立即派郤克为中军元帅、士燮为上军将领、栾书为下军将领、韩厥为司马，率将士六万人、兵车八十辆去援救鲁、卫。晋军很快进入卫境。此时，鲁上卿季孙行父也率鲁军前来会师，就这样，晋、鲁、卫三国部队会师于卫地新筑附近，并由晋军统帅郤克担任联合军统帅。齐军发现卫国境内有晋、鲁两国军队出现感到形势严重，立即撤兵东退，预备选定有利地形，再对敌人决战。晋军追到莘邑（今山西省莘县北），接着又追到靡笄山（今山东省济南市西南米箕山）。两军在这里对峙，准备决一死战。

齐顷公首先派人下战书给晋军说：“晋军既然来到此地，齐军只好不顾自己的力量单薄，与晋军相见。”郤克回答道：“晋国与鲁、卫是兄弟国家。他们派人来告诉我们，齐国时常到他们的国家发脾气、耍威风。晋国国君听后不忍，所以派我们来转告齐国，并不想久留此地。”齐顷公又说：“大夫若肯退兵，正是寡人的愿望；若不肯退，就请以兵戎相见！”就这样，两军在鞍（米箕山西北侧任庄附近）形成了剑拔弩张之势。齐国上卿高固凭着个人之勇，乘着兵车，闪电般地袭击周晋营，并获得兵车一辆，驰回齐营。回营后他立即向齐顷公报告说：“晋兵虽多，但能战斗的少，不足畏惧。”齐顷公听后非常高兴，便以此勉励齐军将士：“想立功的听着，寡人将奖赏这样的勇士。”并盲目自傲地说：“余姑灭此而朝食（我先消灭了他们再吃早饭）！”说罢，竟马不披甲向晋军进攻。齐军势如潮涌般地猛烈直冲晋垒，鼓声震地，箭如飞蝗。

双方交锋不久，晋军元帅郤克即被乱箭射中，仍击鼓不绝督战，但终因伤势过重逐渐不支。左肢和手都被箭射穿的御者解张连忙用左手挽缰以御马，右手代伤重的郤克擂鼓。解张擂鼓，全军响应，鼓声震天动地。解张左手拉不住缰绳，马向前飞奔，晋军将士以为中军已经获胜，奋勇争先冲杀，形成排山倒海之势。霎时，齐军被打得落花流水、全线崩溃，将士纷纷逃奔。

晋军摧毁齐军有组织的进攻后，司马韩厥代替受伤的元帅郤克指挥晋军紧追齐军。齐顷公退到华不住山（今山东省济南市东北十五里）下，晋军顷刻间便把华不住山三层包围。这个"灭此朝食"、骄傲自大、气焰不可一世的齐顷公，此时此刻竟失去保护、狼狈不堪，多亏齐将逢丑父及时赶来才化装逃走。晋军继续向齐要地追击，通过丘舆大道，进攻齐首邑东南险要之地马陉（山东省益都西南），然后进逼齐都临淄。由于齐军新败，无心再战，首邑临淄陷于危急状态。齐顷公见败局已定，只得派使者带上宝器去见郤克，请求割地言和，郤克却以战胜者的姿态，提出：要以齐顷公的母亲肖叔子为人质，并让齐国境内的道路都改为东西走向，以便于以后晋军的兵车通行，退回侵占鲁、卫的地方等苛刻条件。齐使听后很是气愤，但他忍气吞声，委婉地一一加以驳斥，并表示："如果逼人太甚，则齐国只好背城决一死战。此战胜利，是敝国的荣幸，一旦失败，再唯命是听。"齐使不卑不亢的态度，不能不使晋国有所考虑。他们认为战争的目的已基本达到，如果继续打下去，对晋国争霸中原并非十分有利；同时还会加深齐晋两国的仇恨，而使晋国的主要争霸对手楚国坐收渔人之利。另外，参战的鲁、卫两国不想再战下去，也从中斡旋。郤克权衡了政治和军事上的利害后终于应允：在齐国归还侵占鲁国的汶阳之地后，与齐顷公在袁娄（今山东省淄博市西）言和。

战事结束，齐顷公往朝于晋，举行诸侯柑朝，献玉圭礼。齐、晋两君相会，标志着两国关系发展到新的阶段。

转圆法猛兽①

转圆者，无穷之计。无穷者，必有圣人之心②，以原不测之智而通心术。而神道混沌为一，以变论万类，说义无穷。

智略计谋，各有形容③：或圆或方，或阴或阳，或吉或凶，事类不同。故圣人怀此用，转圆而求其合。故与造化者为始，动作无不包大道，以观神明之域。

天地无极，人事无穷④，各以成其类，见其计谋，必知其吉凶成败之所终。转圆者，或转而吉，或转而凶，圣人以道先知存亡，乃知转圆而从方。圆者，所以合语⑤；方者，所以错事⑥。转化者，所以观计谋⑦；接物者，所以观进退之意⑧。皆见其会，乃为要结以接其说也。

【注释】

①转圆法猛兽：圣人的智慧就像不停转动的圆珠，操纵自如，不过这类似猛兽的动作，寓动于静，先伏后动，一旦跃起威猛无比。

②有圣人之心：圣人的心像镜子一般。

③智略计谋，各有形容：智略计谋并无固定形态。

④天地无极，人事无穷：天地广阔无垠，人间也有无穷的吉凶循环。

⑤圆者，所以合语：圆变化无穷，因此使语言自由旋转。

⑥方者，所以错事：四角确立之后就会稳定，因此适合于对有为之事的处置。

⑦转化者，所以观计谋：所谓转化者就是转祸为福，以此适用于观察计谋的是非得失。

⑧接物者，所以观进退之意：如果接物能通达人情，所以适合物的进退和是非等。

【译文】

实施"转圆"法，要效法猛兽扑食，行动迅速。所谓"转圆"，是指能构想无穷计谋。而能构想出无穷计谋的人，必定有圣人之心，并用心灵推究难以测出的计谋，而那难测度的智谋是与自己心术相通的。

理道本是混沌的万物之始，以变化之理研讨万物，内容是无穷无尽的。

因事而生成计谋也各有不同的形式，或有圆谋，或有方略，有阴谋、有阳谋、有吉策、有凶智。事事各不相同。圣人以此为法，设计出许多计谋，以求切合实际。所以开始造化大地的圣人，其行为无不合乎自然大道，以观神明之奥妙。

天地之大无极无垠，人事之繁无穷无尽，又有各类的区别。各种智谋也各有其形，从中也必然会知道事物的凶吉成败了。

所谓转圆者，有的转为吉祥，有的转为凶险。圣人掌握规律而先知存亡之理，然后再"转圆""从方"，应顺规律。

所谓"转圆"，就是要语言灵活，合乎要求；所谓"从方"，就是使事物依规矩而行。"转化"就是为了观物设计，"接物"就是为了观察进退。

如果能融汇方圆转化接物之理，就可以分析综合，统一其学说了。

【鬼谷智囊】

鬼谷子在本篇中指出以速取胜的问题。

鬼谷子说：转圆意思是效法猛兽扑食，行动迅速。

以速取胜是兵家秘诀。快速用兵，要善于捕捉和创造战饥；指挥上要果断决策，切忌优柔寡断，犹疑不决。要审时度势，相机而行。

晋厉公速战速歼秦军

公元前580年，晋厉公与秦桓公签订了结盟文书，但墨迹未干，秦军就背弃誓言，向晋国发起攻击。晋厉公认为秦军无德无义，于是宣布与秦绝交，并发表了"代秦宣言"，联合宋、齐等八个盟国的军队伐秦。

战前，晋厉公与诸将和谋臣做了精密的策划，一致认为：晋国虽然能联合八个盟国出兵，但这种联合是松散、暂时的；楚国与秦国是盟友，如果不是为了对付吴国，它很可能会出兵帮助秦国。鉴于这种情况，战争应该速战速决，一次打击就应成功，否则，难免会夜长梦多。

这年的5月，晋厉公集本国大军和盟军共12万人，直逼秦境，在泾水东岸的麻隧列下阵来，决心乘秦军东渡泾水，立足未稳之机，给秦军以毁灭性的攻击。秦桓公见晋军逼近国境，急忙调集各路人马约7万余人匆匆东渡泾水。晋厉公见秦军陆续登岸，乱哄哄地准备布阵，正是实施打击的好时机，立即擂鼓进军，以排山倒海之势向秦军发起强攻。秦军慌忙应战，乱作一团，短兵相接，即刻大败。秦军背靠泾水，败兵争先跳入泾水逃命，溺死无数。晋军以泰山击卵之势将泾水以东的秦军全部歼灭。

晋秦麻隧之战是春秋战争史上双方投入兵力最多而又结束战斗最快的一次战役。

损兑法灵蓍[1]

损兑者，机危[2]之决也。事有适然，物有成败，机危之动，不可不察。故圣人以无为待有德，言察辞合于事[3]。兑者知之也[4]，损者行之也[5]。损之说之，物有不可者，圣人不为之辞。故智者不以言失人之言⑥。

故辞不烦⑦，而心不虚，志不乱而意不邪。当其难易而后为之谋，因自然之道以为实。圆者不行，方者不止⑧，是谓大功。益之损之，皆为之辞。

用分威散势之权⑨，以见其兑威、其机危，乃为之决。故善损兑者，譬若决水于千仞之堤，转圆石于万仞之谿。而能行此者，形势不得不然也。

【注释】

①灵蓍：蓍是竹，占卜吉凶用的工具。

②机危：机危的意思。

③合于事：核对某种事物。

④兑者：兑，目也。兑者，以心、眼察看外物。

⑤损者行之也：损是难念，要想排除这种难念，必须决心执行。

⑥智者不以言失人之言：聪明人不可以老是滔滔不绝地雄辩而舍弃他人的言论。

⑦辞不烦：言论简单而得要领。

⑧圆者不行，方者不止：圆便于转动，方便于静止。让圆的不转，方的不止（必然有大的力量才行）。

⑨分威散势之权：权衡优势扩散到四方的利弊。

【译文】

要知道事物的损兑吉凶，可以效法灵蓍变化之法。所谓"损兑"，是一种微妙的判断。有些事在一定情况下很合乎现实，有些事会有成有败。很微妙的变化，不可不细察。所以，圣人以无为之治对待有德之治，他的言语、举动都要合乎事物的发展。

所谓"兑"，就是以心、眼观察外物。所谓"损"，就是排除不利而行之。若对其减抑，对其说解，事情仍不顺利发展变化，圣人也不会讲明道理。所以聪明人，不以自己的言论排斥他人的言论，辞应简明，而心中充满自信，意志不乱胸无邪念。遇事依其难易，然后策谋，而顺应客观规律则是其根本。

（现实中）圆的计谋实施不利，方的谋略就不能停止，这就是大功告成的前提。不管是增益其辞，还是减损其辞，都能言之成理。

用分散实力的权谋，就要发现增加威力之后，所显现的危机，并为其决断。所以善于掌握损益变化的人，就像在千丈的大堤上决堤，又如在万仞山谷中转动圆石，应变自如。而所以能这样做，乃形势所使然。

【鬼谷智囊】

鬼谷子在本篇指出了观察分析问题的原则，鬼谷子说："兑"者，就是以心、眼观察外物的人。所谓"损"者，就是排除不利而行之。所谓的"损兑"，是一种微妙的判断，即使是微小的变化，也不可不细察。以小见大，从而迅速而果断的进行决策。观容貌声音，也能见微知著。分析问题也要细心观察，以小见大，以事物本身规律为依据，果断地进行决策。

借形造势的马陵之战

战国时代，魏国大将庞涓率军攻打韩国，韩国向齐国求救，齐王派田忌领兵去救。田忌大军并不开往韩国，反而直扑魏国首都大梁。庞涓听到齐师攻大梁，立刻回师来救。

军师孙膑对田忌说："魏军素来悍勇，看不起我们齐兵，我们不妨顺势借势，利用他们轻敌来打这场仗。兵法上说，日行百里急行军会折损上将，日行五十里赶路只有一半军队能到目的地。当我们部队进入魏地后，第一天只设十万个灶，第二天五万个，第三天三万个，让魏军上当。"

田忌同意并照办，庞涓看到齐军一进入魏地，烧饭的灶就大量减少，不禁大笑："我就知道齐军贪生怕死，才进入魏地三天，军士就逃亡了一大半！"

一方面心里看扁了齐军，一方面又急着赶路救大梁，于是丢下大部队与重武器，只带了部分骑兵日夜兼程赶道，准备好好痛宰齐军。

孙膑计算庞涓的行程，当天晚上就会抵达马陵。马陵道路狭窄，地势险恶，很适合设伏兵；便让人在一棵大树上削掉树皮，上面写着"庞涓死此树下"，并派了一万名射手在两边高处埋伏，并下了命令："只要看见火光就发射。"

当晚，庞涓果然急行到马陵；天空一片漆黑，只见一棵大树白白的一片似乎有字，便点火察看；字还没看清楚，忽然四方万箭齐发射向庞涓；庞涓知道中了埋伏，拔剑自杀。主帅一死，魏军大乱，被齐军杀得全军覆没。

分析问题要细心观察，以小见大，以事物本身规律为依据，果断地进行决策。

第十四篇　持枢[①]

【题解】

鬼谷子在本篇中特别强调决策必须遵循的客观规律，倒行逆施，违反客观规律的，即使成功一时，也终究必败。决策的中心就是掌握行动的枢纽、关键，控制事物的规律。决策要对形势、时局、环境等进行科学的分析。

持枢，谓春生、夏长、秋收、冬藏，天之正也。不可干而逆之。逆之者，虽成必败。故人君亦有天枢，生、养、成、藏，亦复不可干而逆之，逆之者，虽盛必衰。

此天道，人君之大纲也。

【注释】

①持枢：枢是门扉的轴。持，把握。掌握住行动的枢纽，才能控制行动的规律。

【译文】

持枢，就是掌握行动的关键，控制事物的规律。比如春季耕种，夏季生成，秋季收割，冬季储藏乃是天时的正常运作规律。不可悖反这一自然规律，而倒行逆施，凡是违反自然规律的，即使成功一时，也终究必败。

由此而知，人君也有他必须遵循的客观规律。他要组织百姓生产生活，教养万民收获、储藏等。也不能违抗这些规律，如果背逆客观规律，即使表面上看似强大，也必将衰弱。这是客观规律，是人君必须遵守的大纲纪。

【鬼谷智囊】

宏大的构想，战略行动的发起，都要依据对时局、环境的分析而定。即使小范围的谋略也必须进行审时。审时正确与否，直接影响到计谋决策正确与否。谋略发展史证明，善于审时度势，是高明谋略家的特征。在复杂的斗争环境中，清晰透彻地分析环境与洞察形势，是确定奇特方案的基石。谋略审时论，要求谋略主体必须站在时代的舞台上考虑问题，根据社会发展大趋势考虑，即使是宏大谋略也不能跨越历史发展阶段。

杨广内引外联当太子

历史上有名的暴君杨广，即位之后虽骄奢淫逸，残暴无道，但在争夺皇位的过程中却内引外联，屡施围魏救赵之计，表现出了惊人的才智。

隋文帝杨坚有五个儿子，即杨勇、杨广、杨俊、杨秀、杨谅。杨坚夺得帝位以后，长子杨勇被立为太子，军政大事无不参与，颇受重用。史称杨勇为人率真自然，诗词歌赋无不精通。他作为长子，又出身富贵之家，早早立为储嗣，不免志骄意满，也为自己种下了祸机。

杨坚尚节俭，自己穿的衣服，即使补过很多次也不舍得扔掉，平常吃的也极为简单。在他的以身作则下，大家都崇尚节俭，摈弃繁华，勤俭之风盛行。

然而，杨坚这个人生性多疑，并且素无学术，喜欢耍一些难登大雅之堂的小计谋。而杨勇则与父亲截然不同，喜爱奢华，穿着华丽，在家中养了上千匹马。杨勇家中，大兴土木，无论春夏秋冬，工人都不停地劳作。冬至之时，百官来觐见，杨勇也坦然受贺。这一切都使多疑的杨坚感到担心。况且杨勇又不会矫饰，稍有不满，便表现在外；其父派人随时监视他；那些善于逢迎势利的群臣，得知杨坚生疑，自然趋奉当今君主，杨勇不可避免地处在了危机之中。

杨勇的所作所为，引起父母的猜疑，这就给其弟弟杨广谋夺储位带来希望。本来杨广身为次子，没有成为继承人的可能，但他善于矫饰，使用瞒天过海之计，骗取了父母的信任，然后便使用围魏救赵之计的内引外联的手法，暗中密谋，伺机夺储。

于内，杨广深知父亲颇听信母亲的话，便千方百计骗取母亲的好感。有一次，杨广要回扬州镇守时，拜见母亲独孤皇后。几句离别话未竟，就流下眼泪，惹得独孤皇后也十分伤心。趁母亲悲伤之时，杨广开始进谗言："我生性愚钝，只想尽好弟弟的本分，不知怎么触怒了太子，日夜担心太子加害于我。"这一番话，引起独孤皇后对杨勇素日的不满，不由愤然说道："杨勇越来越无礼了，我为他娶了元家的女儿，希望他能振兴皇基，却听说他专宠阿云，生下一群猪狗一样的孩子。元氏本无病痛，忽然暴亡，就是阿云派人下毒导致的。到了这个地步，我也没治他的罪如今怎么又怪罪你。我在尚且如此，我死之后又会怎么对你们呢？一想到东宫竟然没有正室所出的嫡子，皇上百年之后，你们兄弟居然要向阿云所生的儿子跪拜，岂不有辱皇室尊严？"

杨广听了，更加哭泣难忍，独孤皇后也十分悲痛。杨广终于取得内援。尔后，又勾结权臣。杨广运用这种方法，牢牢地巩固住内线。

于外，杨广在朝臣中看中了兼文武之资，志怀远大，功勋卓著的杨素，便想尽方法与其结交，并告诉了他谋位的想法。杨素得知如此重大计谋，也不由权衡再三。于是，他先探明独孤皇后的心意，认为杨广有为储君的可能；又以为如果真能帮助杨广夺嫡，自可受到重用，便甘心为杨广的外援。

杨广运用内引外联的手法，使杨勇内失父母之爱，外寡群臣之助，削夺杨勇的内外势力，最终废掉杨勇，而代之为太子。在整个谋夺储位过程中，杨广自己很少出面竞争，故上取爱于父母，下得心于群臣。如果杨广公开谋夺，成功的可能就很小了。

宏大的构想，战略行动的发起，都要依据对时局、环境的分析而定。即使小范围的谋略也必须进行审时。

第十五篇　中经^①

【题解】

鬼谷子在本篇中论述了权变的要旨：本篇中鬼谷子指出"见形为容，象体为貌"，是因人而变化的人的行为，可以影响形容和相貌。所以凭人们的形容和外貌可以识别他们的行动。"闻声和音"是指听到声音是否相合，如人与人意气不相投，也就不能接受对方的友好。

《中经》，谓振穷趋急，施之能言厚德之人。救拘执，穷者不忘恩也。能言者，俦善博惠^②。施德者，依道^③。而救拘执者，养使小人^④。盖士遭当世异时危，或当因免阗坑，或当伐害能言，或当破德为雄，或当抑拘成罪，或当戚戚自善，或当败败自立^⑤。故道贵制人，不贵制于人也。制人者握权，制于人者失命。是以见形为容、象体为貌，闻声知音，解仇斗郄^⑥，缀去，却语，摄心，守义。本经纪事者，纪道数，其变要在《持枢》、《中经》。

见形为容，象体为貌者，谓爻为^⑦之生也。可以影响形容象貌而得之也。有守之人，目不视非，耳不听邪，言必《诗》《书》行不淫僻^⑧，以道为形，以德为容，貌庄色温，不可象貌^⑨而得之。如是，隐情塞郄而去之。

闻声知音者，谓声气不同，恩爱不接。故商、角不二合，徵羽不相配^⑩。

能为四声主者，其唯宫^⑪乎。故音不和则悲，是以声散、伤、丑、害者，言必逆于耳也。虽有美行、盛誉，下可比目⑫、合翼⑬相须也。此乃气不合，音不调者也。

解仇斗郄，谓解羸⑭微之仇；斗郄者，斗强也。强郄既斗，称胜者高其功，盛其势也。弱者哀其负，伤其卑，污其名，耻其宗。故胜者闻其功势，苟进而不知退；弱者闻哀其负，见其伤，则强大力倍，死为是也。郄无强大，御无强大，则皆可胁而并。

缀去者，谓缀己之系言⑮，使有余思⑯也。故接贞信者，称其行，厉其志，言为可复，会之期喜。以他人之庶引验以结往，明款款而去之。

却语者，察伺短也。故言多必有数短之处，议其短，验之。动以忌讳，示以时禁⑰。其人恐畏，然后结信⑱，收语盖藏而却之⑲无见己之所不能于多方之人⑳。

摄心者，谓逢好学伎术㉑者，则为之称远。方验之道，惊以奇怪，人系其心于己。效㉒之于人，验去㉓，乱其前，吾归于诚己㉔。遭淫者色酒，为之术；音乐动之㉕，以为必死，生日少之忧㉖。喜以自所不见之事，终可以观漫澜㉗之命，使有后会㉘。

守义者，谓守以人义，探心在内以合㉙也。探心，深得其主也，从外制内，事有系由而随之。故小人比人，则左道㉚而用之，至能败家夺国。非贤智，不能守家以义，不能守国以道。圣人所贵道微妙者，诚以其可以转危为安，救亡使存也。

【注释】

①中经：从内部管理处置。

②能言者，俦善博惠：巧于雄辩的人最能解决纠纷，所以就成为善人的好友而广施恩惠。俦，是同类、朋友。

③依道：不失道。

④救拘执者，养使小人：营救被捕的人，被捕者会深感其恩。也就欣然听从命令了。

⑤当世异时……败自立：不论在任何时代，君子部必然尝尽苦难。但是如果经常有救人之穷和急人之难的善行时，不论遭受如何的灾祸苦难，最后也能靠能言厚德之士的力量渡过难关。阗坑是用土把穴填平，抑拘是拘禁。

⑥郄：是骨与间的缝隙。

⑦爻为：同"犹伪"。

⑧淫僻：邪恶淫乱之意。

⑨象貌：脸形和颜色，此指表面现象。

⑩商、角不二合，徵、羽不相配：宫、商、角、徵、羽都是五音的名称。商属金，角属木，徵属火，羽属水，根据五行相克的学说，金克木，水克火，所以商角、徵羽的音乐不能调和。

⑪宫：五音之一。被视为土，能和其他四音。杜甫曾有"金管迷宫徵"的诗句。

⑫比目：指比目鱼。眼睛长在身体的一侧。传说两条鱼在水中并游。

⑬合翼：只有一眼一翅的比翼鸟，经常并羽齐飞，用来比喻恩爱夫妻。

⑭羸：弱小。

⑮缀己之系言：对于一个要走的人，为挽留他而说的话。缀是连接之意。

⑯余思：遗憾的意思。

⑰时禁：除规定时间以外禁止出入，这是轻视对方的办法。

⑱结以安其心：对方如果抱畏惧之念，虽然必须要他服从我方，但要以诚相待，使其安心。

⑲收语盖藏而却之：收起以前所使用的威胁语言，从此矢口不谈。

⑳无见己之所不能于多方之人：很多人面前不要让人们知道自己无能。

㉑伎术：同"技术"。

㉒效：效劳。

㉓验去：跟历史上的贤人行为对照。

㉔吾归于诚己：只能竭诚相待，如此就能掌握贤能的人。

㉕音乐动之：以音乐来感动人。

㉖以为必死，生日少之忧：假如沉溺酒色，就会有必死之害，晓谕对方顾余命无多。

㉗漫澜：无限遥远的样子。

㉘后会：再见的意思。

㉙探心在内以合：在对方的心中要求义。

㉚左道，邪道之意。例如"旁门左道"。

【译文】

《中经》所说的是那些救人危难，给人教诲和施以大恩大德的人。如果他们救助了那些拘捕在牢房的人，那些被救者，是不会忘记其恩德的。能言之士，能行善而广施恩惠，有德之人，按照一定的道义准则去救助那些被拘押的人，被拘押的人一旦被救，就会感恩而听命了。一些士人，生不逢时，在乱世里侥幸免遭兵乱；有的因善辩而受残害；有的起义成为英雄，更遭受陷害；有的恪守善道；有的虽遭失败，却自强自立。

因此，恪守"中经"之道的人，推重以"中经"之道施于人，而不要被他人控制。控制他人者掌握主动权，而一旦被他人控制，就会失掉许多机遇。

"中经"之道就是关于"见形为容，象体为貌，闻声和音，解仇斗郄，缀去却语，摄心守义"的原则探讨。《本经》中记载的理论，权变的要旨，均在《持枢》、《中经》两篇中。

所谓"见形为容，象体为貌"，是因人而变化的人的行为，可以影响形容和相貌。伪狡者，仅凭他们的形容和外貌就可以识别他们；而恪守道德的有为之人，他们不看非礼的东西，他们不听邪恶之言，他们谈论的都是《诗经》、《尚书》之类，他们没有乖僻淫乱行为。他们以道为外貌，以德为容颜，相貌端庄、儒雅，不是光从外貌就能识别他们的。常常是隐名埋姓而回避人世。

"闻声和音"，听到声音是否与之相和，也是一种方法。如果说人与人意气不相投：也就不接受对方的恩爱友好。就如同在五音中，商与角不相和，徵与羽不相配一样。能成为四声的主音唯有宫声而已。

所以说，音声不和谐，悲伤韵律是不会产生的，散、伤、丑、害都是不和之音，如果把它表现出来一定是很难入耳的。

如果有美好的言行，高尚的声誉，却不能像比目鱼或比翼鸟那样和谐，也是因为气质不和，音不调协所致。

所谓"解仇斗郤"，就是解决矛盾。"解仇"是调解两个弱小者的不和；"斗郤"则是当两个强大的国家不和时，使它们相争的策略。

强大敌手相斗时，得胜的一方，夸大其功业，虚张声势。而失败的一方，则因兵败力弱，玷污了自己声名，有侮于祖先而痛心。

所以，得胜者，一听到人们称赞他的威势，就会轻敌而贸然进攻。而失败者，听到有人同情他的不幸时，反而会努力支撑，拼死抵抗。敌人虽然强大，往往有弱点，对方虽说有防御，而实际力量并不一定强大。我方是可以用强大的兵势胁迫对方，让他们服从，吞并其国家。

所谓"缀去"的方法是说对于即将离开自己的人，说出真心挽留的话，以便使对方留下回忆与追念。所以遇到忠于信守的人，一定要赞许他的德行，鼓舞他的勇气。表示可以再度合作，后会有期，对方一定高兴。以他人之幸运，去引验他往日的光荣，即使款款而去，也十分留恋于我们。

"却语"的方法是说要在暗中观察他人的短处。因为人言多时，必有失误之处。要议论他的失误处，并加以验证。要经常揭他忌讳的短处，并证明它是触犯了时政所禁止的。这样他就会因此而害怕，然后让他安心，对以前说过的话，也不再说了，暗中则藏起这些证据，秘不示人。而且，不能在众人面前，现出自己的无能之处。

"摄心"的方法是，遇到那些好学技术的人，应该主动为他扩大影响，然后验证他的本领，让远近的人都尊敬他，并惊叹他的奇才异能，别人则将会与自己心连心。为别人效力者，要将之与历史上的贤才相对照，称其与前贤一样，诚心诚意地相待，这样方能得到贤能的人。

遇到沉于酒色的人，就要用音乐感动他们，并以酒色会致人于死，要忧余命无多，以此，教谕他们，让他们高兴地看到见所未见的事，最终认识到遥远的未来，使命之重大，使之觉得将会与我后会有期。

"守义"的方法说的是，自己坚持仁义之道，并用仁义探察人心，使对方从心底里广行仁义。从外到内控制人心，无论什么事，都可以由此而解决。

而小人对待人，则用旁门左道，用此则常常会家破国亡。如果不是圣贤之辈，是不能用义来治家，用道来守国的。圣贤是特别重视"道"的微妙的。因为"道"确实可以使国家转危为安，救亡存国。

【鬼谷智囊】

在人的一生中，不可能是一帆风顺的，多少总会有一些坎坷和波折。聪明人经历过波折坎坷之后，"吃一堑长一智"，总能得到一些经验和启示，不会第二次犯同样的错误。

楚军七退而败庸军

话说春秋时期，楚国地处江汉之间，四周有无数小国和部落。这些小国和部落，有时臣服于楚，有时又各自为政；有时各小国联合，有时又分裂互相攻伐。

楚武王以后，楚国把都城从丹阳迁到郢，楚王的主要精力都集中于向中原扩张势力，企图称霸诸侯，对南方的各小国，一般都不放在心上。

到楚庄王时，由于楚国遇上饥荒，各部族或小国竟乘机向楚国发起进攻。

首先是戎族向西南发展，强占了楚国的部分领土，势力到达阜山地区，戎族的部众集结于大林，后又继续向东南推进，抵汉水之滨，并又攻占訾枝。

庸人也在这时率领各部袭击楚国，对楚国的威胁不小。麇人远涉长江上游和沅水，串通百濮各部落，也在楚国南部的选地集结人马，准备进攻楚国，欲夺江汉之地。

楚国的西北与南方都受到了小国部族的侵扰，但又不敢把守卫北方、屯扎于申、息等地的楚军主力抽调回来，因为申、息一带的楚军是为了防止中原齐、晋等大国南下的，所以准备把同戎、庸以及和南方麇国相持的楚国部队，退守到险要的地方，以便用少量的兵力抗拒这些小国的进攻。

这时工正建议说："此举不可，我能到达的地方，彼等也能到达。两军对垒，是进是退应该根据实际情况决定。前不久，北方戎族进攻的时候，我军节节退守，他们占领了我国大片土地。今天，庸人、麇人和百濮部众又来侵犯我们，不能再退守了，我军应发起进攻。何况麇人与百濮那是组织涣散的队伍，他们利用我国遇上饥荒，只不过想乘机掳掠财物、人口而已。只要我军显示强大的威力，百濮部众自会撤退，谁还再来谋取我们的财物呢？"

工正的建议，得到了诸将的赞同，楚庄王于是下令出师。

首先由斗椒率领楚军百乘向麇人和百濮部众聚集的选地进击。楚军的车战，百濮部众从未见过，看到楚军厉害，就四散逃跑了。楚国南方的骚扰解除，于是楚军集中力量向庸国进军。

楚庄王命令大夫戢黎先率领楚军进攻庸国，戢黎熟悉楚西境的地理人情，一举攻占了庸国的方城。但庸人集众奋力抵抗，楚军一时也不能取胜。此时戢黎部将子扬窗守方城，因麻痹大意为庸人俘获。庸人对子扬窗看守不严，三日后子扬窗逃回，向戢黎报告情况说："庸国人数众多，各部齐集，都是手拿武器，身穿异服的群众，如果兵少，很难取胜。不如调集句噩所有的主力和后备人马，一举攻入庸国，才能全歼庸军。"

师叔不同意，说："强攻不行。对庸国部众，应以智取，不能硬拼。可先佯作退走，有意小败几次，使庸人以为我军不堪一击，因而骄横，庸人越是胜利而骄傲、放纵，就会激怒我军士兵，然后再等待时机进攻。"于是由他亲自率军与庸人接仗。一连七仗，师叔都有意败下阵来。庸人真以为楚军不能打仗，骄傲地说："人都说楚军强悍，但不是庸人的对手！"因而戒备松懈。

楚庄王率后续楚军，亲自乘车驻到临品（今湖北均县）督战。师叔向楚庄王报告了七战七走以骄庸人的情况，并说："时机已经成熟，请大王发起攻击，即可歼灭庸军。"楚庄王立即下令分两路攻打庸国。一路由子越（斗椒）率部从石溪（是楚入庸的要道，在今湖北均县、竹山县之间）攻入庸国。一路由子贝带领楚军从仞地（亦入庸要道，在今湖北均县界）进袭。庸人因有前一段时间的胜利，轻敌麻痹，哪里想到，楚军有这么大的威力。子越、子贝两路夹攻，庸国国君倾全国兵力迎战，抵挡不住，节节败退。楚军长驱直入，竟破庸城，庸国被楚灭亡。

楚灭庸后，随即出兵攻击其他部落酋长，各部都自愿请从楚国歃盟，表示永远修好。师叔以退为进，率楚军七战七走，终于赢得最后胜利。

七次败退，只是为了累积经验教训，从而取得最终的胜利。